知の生態学の冒険　J・J・ギブソンの継承 3
The Ecological Turn and Beyond: Succeeding J. J. Gibson's Work

Self and Other: From an Embodied Perspective

田中彰吾
Shogo Tanaka

自己と他者
身体性のパースペクティヴから

東京大学出版会

The Ecological Turn and Beyond: Succeeding J. J. Gibson's Work
Vol.3 Self and Other: From an Embodied Perspective
Shogo TANAKA
University of Tokyo Press, 2022
SBN 978-4-13-015183-2

知の生態学の冒険　J・J・ギブソンの継承

3

自己と他者——身体性のパースペクティヴから

目次

シリーズ刊行にあたって――生態心理学から知の生態学へ

本シリーズは、ジェームズ・ジェローム・ギブソン（James Jerome Gibson, 1904-1979）によって創始された生態心理学・生態学的アプローチにおける重要なアイデアや概念――アフォーダンス、生態学的情報、直接知覚論、知覚システム、視覚性運動制御、知覚行為循環、探索的活動と遂行的活動、生態学的実在論、環境の改変と構造化、促進行為場、協調など――を受け継いだ、さまざまな分野の日本の研究者が、自身の分野の最先端の研究を一種の「エコロジー」として捉え直し、それを「知の生態学」というスローガンのもとで世に問おうとするものである。

ギブソンが亡くなって四〇年余りの歳月が流れた。この間に「ギブソン・ブーム」「アフォーダンス・ブーム」と呼びたくなるような生態学的アプローチへの注目が日本でも何度かおとずれた。しかしながら、ギブソンそして生態学的アプローチのインパクトは、哲学的・原理的なレベルでの考察に到達しない限り、気の利いた概念のつまみ食いになってしまう。幸いにも心の哲学や現象学という分野の一部では、かつてこの分野を席巻していた観念論的な傾向が厳しく退けられるようになり、行為と実在との関係を核とした新しい実在論あるいは新しいプラグマティズムが勢いを増している。そして、身体性認知科学やロボティクスといった、工学に親近性を持つ分野では、Embodied（身体化された)、Enactive(行為指向の)、Embedded(埋め込まれた)、Extended(拡張した)、という四つのEの発想のもと、認知のはたらきを身体や環境の一部までも含んだ一大システムのはたらきとして捉えることが半ば常識となった。こうした動向は生態学的アプローチの発想の深い受容を示している。

しかし他方、生態学的アプローチのもう一つの本質であるラディカリズムについては、心のはたらきの科学的研究の中核部において深く受容されているとは言い難い。なぜなら心の科学の発想にはいまだに反生態学的な姿勢が根強く見られるからである。その証拠に、心の科学での問題解決は、相変わらず専門家による非専門家(一般人)の改良を暗黙のパラダイムとしている。たとえば、各人の発達の過程を社会的に望ましいものに変えること、各人のもつ障害を早期に「治療」すること、各人の心理的な問題を解決して社会に適応できるようにすること、従業員が仕事に従事する動機を高め生産性を上げること、社会規範に合わせて自分の行動傾向を自覚することなどが奨励されている。専門家が人々の内部に問題の原因を突き止める、そしてそれに介入することで解決を図る。病の源は個々人の内にあり、それを取り除くために専門家に頼る、逆に非専門家の側も専門家による介入を正しいと思ってしまう……この頑強な発想が当然のごとく受け入れられている。心のはたらきを探究する脳神経科学も同様の陥穽にしばしば陥っている。まるで、最終的に人がどう振る舞い何をなすべきかについて専門家たちに伺い立てるように仕向ける暗黙のバイアスが、心をめぐる科学の発想には内蔵されているかのようである。

あえて言おう。このような科学観の賞味期限はすでに切れた。生態学的アプローチのラディカリズムとは、真の意味で行為者の観点から世界と向かい合うことにある。それは、自らの立場を括弧に入れて世界を分析する専門家の観点を特権視するのではなく、日々の生活を送る普通の人々の観点、さらには特定の事象に関わる当事者の観点から、自分（たち）と環境との関係を捉え直し、環境を変え、そして自らを変えていくことを目指す科学である。

生態学的な知とは何か。それは、ある事象の存在の特徴・体制・様式を知ることが、それを取り囲む環境の存在を知り、環境とどのような関係を結びながら時間の経過とともに変化や変貌をとげていくのか、また環境にどのような変化が生じるのかということを知ることに等しいと見なす、そうした知である。

生態学的アプローチは、このような知の発想を生き物の知覚と行動の記述と分析に持ち込んだ。この発想は、モノや料理を作る工作者として、子どもの発達や学習に関わる養育者として、日々の人間関係と人脈づくりに翻弄される市井の人として、わたしたちがそれと自覚することなく行っている様子を、あらためて記述する際に何度も呼び出される。そして、この様子の丁寧な記述のなかからこそ、これまで見えていなかったわたしたちと環境との関係が見えるようになる。わかってくるのは、自分を変えること、自らの行為を変化させることが、実は、自分を取り囲む環境を変えること、周囲の実在との関係を変化させることと等価であるということだ。つまり、わたしたちの生は、周囲と周囲にいる他者との時間をかけた相互作用・相互行為であることがわかってくるのだ。わたしたちがどう生きるのか、何をなすべきかを考える始点は、環境に取り囲まれた存在の生態学的事実に求めなくてはならない。知の生態学は、生きている知を取り戻す、いわば知のフォークロアなのである。

本シリーズでは、こうした生態学的な知の発想のもと、生態学的アプローチの諸概念を用いながら、執筆者が専門とするそれぞれの分野を再記述し、そこで浮かび上がる、人間の生の模様を各テーマのもとで提示し、望ましい生の形成を展望することを目的としている。このシリーズの執筆者たちは、二〇一三年に東京大学出版会より刊行されたアンソロジーシリーズ「知の生態学的転回」三巻本（第1巻『身体』、第2巻『技術』、第3巻『倫理』）にも寄稿しており、そこでは、「生態心理学を理論的中核としながら、それを人間環境についての総合科学へと発展させるための理論的な基礎作りを目的」（同書「シリーズ刊行にあたって」）としていた。前シリーズでは、生態学的アプローチがいかに多様で学際的な学問領域へと適用できるかという可能性を追求し、このアプローチが開拓する新しいパースペクティブを広範な読者に知ってもらうことを目指した。今回新たにスタートしたシリーズ「知の生態学の冒険　J・J・ギブソンの継承」は、前シリーズで貢献した著者たちが、それぞれの専門分野とトピックにおいて生態学的アプローチを十全に、しかも前提となる知識をさほど必要とせずにできるかぎりわかりやすく展開することを目指している。

本シリーズのテーマの特徴は、第一に、身体の拡張性、あるいは拡張された身体性に目を向けていることである。生態学的アプローチの研究対象は、身体と環境、ないし他の身体とのインタラクションである。しかしその「身体」とは、もはや狭い意味での人体に止まらない。岡田美智男の第1巻『ロボット』は、ロボットという身体の示す「弱さ」や「戸惑い」に人間が引き寄せられ、人間がロボットとともに生きていく共生の可能性が描かれている。柴田崇の第4巻『サイボーグ』は、人工物とは根本的に人間にとって何であるのか、サイボーグについての既存の語りを通して人工物を考えるための新しい見取り図を提案しようとする。長滝祥司の第6巻『メディアとしての身体』は、身体を世界と他者と交流するメディアととらえ、身体的な技能と技術を探究しながら、ヒューマノイド的な身体が根源的な「傷つきやすさ」を纏っているとの認識に到達する。谷津裕子の第5巻『動物』は、動物福祉学や動物倫理学の知見を踏まえ、これまでの人間の動物への態度を問いなおす論考である。動物と人間の生の連続性を見据えて、どのように動物と関わることが、ひと、動物、環境がよりよく共生していく道を切り開いていく助けとなるのかが追求される。

もうひとつの重要なテーマは、人間における間身体的な関係への注目である。田中彰吾は第3巻『自己と他者』で、脳が世界と交流する身体内の臓器であることを強調しながら、自己の身体の経験が、発達の最初から他者との関係において社会的に構成されることに着目する。環境とは、人間にとってもそもそも社会的なものなのである。河野哲也は第2巻『間合い』で「間合い」という日本の伝統的な概念を掘り下げ、技能・芸能、とりわけ剣道と能、日本庭園に見られる生きた身体的な関係性としての間合いの意味を明らかにする。熊谷晋一郎の第8巻『排除』は、相模原市障害者福祉施設での大量殺傷事件を考察の起点に置き、当事者の視点に立ちながら、障害者を排除する暴力が生み出されやすい環境とは何か、ソーシャルワーク分野において暴力が起きうる環境条件とは何かを探る。

そしてアフォーダンスの概念の深化である。森直久の第7巻『想起』は、体験が記憶として貯蔵されており、その検索と復元が想起であると考える従来の記憶観を、生態学的アプローチから鋭く批判し、体験者個人に帰属されるアフォーダンスの体験の存在を担保しながら、想起状況の社会性や集合性を考慮し、動的な時間概念を導入した新たな想起論を提示する。三嶋博之と河野哲也、田中彰吾は、本シリーズ最終巻『アフォーダンス』において、ギブソンの「アフォーダンス」の概念と、そのアイディアの継承者たちによる展開について整理しつつ論じ、その理論的価値について述べる。

執筆者たちの専門分野はきわめて多様である。生態学的アプローチのラディカリズムと醍醐味をより広くより深くより多くの人々に共有してもらえるかどうか——本シリーズでまさに「知の生態学」の真意を試してみたい。

二〇二二年一月

河野哲也・三嶋博之・田中彰吾

序

1　神経構成主義

三年ほど前になる。興味深くはあるがなんとも後味の悪いニュースを耳にした。それは、胴体から切り離したブタの脳を三六時間にわたって生存させることに成功した、という内容の研究だった。[1]実施したのはイェール大学の神経科学者ネナド・セスタンのグループで、屠場から仕入れたブタ一〇〇頭から二〇〇頭の脳を、ポンプ、ヒーター、人工血液からなるシステムにつないで実験を行ったという。かつて哲学者ヒラリー・パトナムが論じた「水槽の中の脳[2]」の思考実験を実装したかのような研究になっているが、はたしてこのブタは、「意識」と呼びうるような何かを保持していたのだろうか。

倫理的に見てこうした実験が人間で実施されることはありえないが、設定を人間に置き換えて考えてみよう。私たちが主観的に経験していることは、すべて脳内の神経過程によって生み出された表象である、とする考え方を「神経構成主義（neuroconstructivism）」と呼ぶ。外界を知覚する経験から始まって、過去の出来事を振り返る記憶の経験、問題解決のために思考する経験、計画を立てて実行する経験、あるいはそれらすべてを通じて「私」が何かを経験しているという自己の経験に至るまで、あらゆる主観的経験は神経系の情報処理によって生み出された結果である、と仮定する立場である（ちなみにパトナムの思考実験は、このような構成主義の仮定をさしあたり正しいとする前提で推論して、そこに内在する誤謬を暴く趣旨のものだった）。

この考え方からすると、私が主観的に経験している世界は、もともと脳内の神経過程によって構築された神経的かつ心的な表象であって、実在する世界それ自体ではない。だから、私の主観的経験に対応する神経過程を人工的に再現することができれば、それと同じ主観的経験が生じると考えられることになる。哲学者のトーマス・フックスが、神経構成主義の見方を簡潔かつ印象的に要約している。

このような神経構成主義の着想によると、実在の世界は私たちが経験する世界とは劇的に異なっている。私たちが知覚しているのは事物そのものではなく、むしろ事物が私たちの中に喚起するイメージにすぎない。私たちは暗い部屋の中にいて、無数の神経細胞の塊の絶えざる仕事によって壁面に映し出されたショーを見ている。実在の世界はむしろ、エネルギー場と素粒子の運動からなる荒涼とした場所であって、性質などというものはどこにもないのである。私の前にある樹木は実際には緑色ではないし、その花にも香りはない。枝にとまっている鳥はメロディを奏でてさえずってはいない。これらすべては役に立つ幻想の世界、擬装されたリアリティ、あるいは、むき出しの物理的な運動過程の代わりに脳が生み出したモデルにすぎない。(3)

ここまで明示的に神経構成主義の立場を取る神経科学の研究者は少ないかもしれない。しかし、私たちの主観的経験は何らかのしかたで脳内の神経過程に対応しており、その過程に介入することで主観的経験を変えたり、人工的な刺激を与えることで特定の主観的経験を生じさせることができる、という程度のゆるやかな構成主義は、研究者だけでなく一般にも広く共有されているだろう。

本書の冒頭で最初に指摘しておきたいのは、このような考え方に沿って脳を人工的に操作することが技術的に可能になったとしても、私が普段経験しているのと同じような主観的経験は再現できないだろう、ということである。というのも、保存されている脳には、身体もなければ、身体を通じて与えられる環境世界もないからである。神経構成主義は、脳を取り巻く生態学的環境への視点を欠いている。

2　身体という広がり

主観的に経験される世界を神経表象に還元しようとする見方にとって、もっとも収まりが悪いのは身体である。自己の身体は、主観的に経験される私の現象空間と、他者が経験している現象空間とが一致する場所に現れるからである。次のような場面を考えてみるといい。あなたは、しばらく前から右肘のあたりにかゆみを感じていて、思わず左手がそこに伸びて掻いている。ところが、かゆみを感じる部位は腕を回してもちょうど見えないので、友人に見てもらった。友人はそこに蚊に刺された跡のような、小さな赤い腫れを見つけ、「ここ?」と言いながら押さえてくれたが、それはまさにあなたが先ほどからかゆみを感じているその場所だった。

神経構成主義の前提を拡大し、他者もまた脳を持つ存在として、物質的世界から受け取った刺激をもとにして構築された世界の表象を保持していると考えてみよう。この場合、私が経験している主観的な世界の表象と同様に、他者の脳もまた、世界についての表象を生み出している。ただし、私が出会うことができるのは、私の世界に現れる他者の表象であって、他者の脳そのものではない。ましてや、他者の脳の内部で構成されている世界像には接近するすべがない。自己の脳と他者の脳はそれぞれ、物質的世界に由来する刺激をもとに、それぞれの世界をそれぞれのしかたで構築しているのであり、別々の世界に閉ざされたしかたで存在することになる。

ところが、私の身体は、まさにこうした考え方を否定するしかたで存在する。私がかゆみを主観的に経験している空間的位置と、そのかゆみを生じさせている物理的刺激（虫刺され）の空間的位置は一致している。加えて、物理的刺激が生じている空間的位置は、他者から見ても正確に同じ場所に特定することができる。私がかゆみを知覚している私の身体上の一点と、友人が赤い腫れを知覚している私の身体上の一点は、空間中の同じ位置として共有可能なしかたで、それぞれの世界に出現しているのである。

現象学ではしばしば、かゆいと感じる部位を掻く経験のように、知覚と行為を通じて主観的に経験しているところの身体をライプ（Leib 生きられた身体 lived body）、他のさまざまな物体と同じように空間内の一対象として物理的に現れる身体をケルパー（Körper 物理的身体 physical body）として区別する。(4) 私が経験している自己の身体そのものがライプとしての側面とケルパーとしての側面を持つが、それらは空間的に別々のしかたで存在するのではなく、重なり合うしかたで存在する。私はかゆみをライプの空間的広がりの一点において感じるが、友人は、ケルパーとして現れている私の身体の一点に、かゆみの原因になる赤い腫れを見出す。そして両者は、空間中の同じ位置に重なり合うのである。

神経構成主義からすると、かゆみや痛みの感覚が生じるのは、脳内に構築される身体表象においてであって、それが脳の外部へと投射されることであたかも脳の外側でそれらの感覚が生じているかのように感じられる、という説明になる。私たちが経験しているのは基本的にライプであって、ケルパーは投射を通じて再構成されたものでしかない。したがって、ライプとして経験される私の身体の空間性が、ケルパーとして現れる私の身体の空間性と一致するとは限らないことになる。とくに、そのケルパーを他者が知覚する場合には、両者の空間的な一致はまったく保証されない。

ところで、四肢の一部を失った当事者がしばしば経験する「幻肢」の現象は、一見すると神経構成主義の見方を支持する証拠であるように思われるかもしれない（詳しくは第3章で論じる）。幻肢にはしばしば痛みの感覚がともない、もともと腕や脚のあった空間に本人はその痛みを定位することができるものの、その空間にはケルパーは存在しないし、他者から見ても痛みの原因になるような何かがそこに存在するわけではない。この現象だけを取り上げると、主観的に感じられる身体の空間性は決して物理的な次元に根拠を持っているわけではなく、たんに脳内で構築されている表象である、さらに言うなら、身体そのものが脳によって生み出された表象であって実体がないのだ、とも言えそうである。実際、神経科学者のヴィラヤヌル・ラマチャンドランは、幻肢に則してその種の考えを明確に示している(5)。

しかし、私たちの経験する身体がもともと脳の生み出した表象でしかないとすると、そもそも最初からそれはケルパーとして空間的広がりを備えていなくてもよいのである。他の物体と同じように空間中に現れる必要がないし、ライプとケルパーが空間的に対応していることそれ自体が、ここでは最初から問題になりえない。幻肢を根拠として身体を神経表象に還元する見方は、ケルパーを主観的経験の外部に押しやってしまうため、ライプとケルパーの不一致として認識される幻肢を、かえって認識不可能な現象にしてしまうのである。幻肢が幻肢として認識されるのは、そもそも、脳内の表象に還元されない、四肢の主観的な空間的広がりを、私たちがもともと知っているからに他ならない。

3　身体のからみあい

私たちの主観的経験は、脳内だけに収まっているわけではなく、外部の空間へと広がるしかたで受肉している。別の言い方をすると、意識は、脳内に閉ざされているわけでも外界と別の次元にあるわけでもなく、身体化され、世界へと埋め込まれている。本書では、この身体性の観点から出発して、自己と他者について論じていくことになる。

先の場面で、私と友人という二人の人物が登場していたことに留意しておこう。身体性を重視するなら、主観的に経験される世界は、たんに「自己」について論じて話が閉じる構造にはなっていない。というのも、私が「私の身体」として経験しているものは、ケルパーとしての側面を介して他者の経験する世界に登場するし、逆もまた同様だからである。誕生して間もない新生児を思い浮かべてみよう。新生児はきっと、寒いとか空腹だとか不快だとか、自己の身体内部に由来するさまざまな出来事を間欠的に経験している。その一方で、母親や父親のような養育者の身体、とくにその顔に頻繁に出会っている。新生児は、ケルパーとして現れる自己の顔を知るようになるずっと前に、他者の顔に出会うのである。

しかも、そのような場面で新生児模倣が生じる。詳しくは第4章で論じるが、新生児模倣とは、舌を突き出す、口を開くといったしかたで呈示された大人の表情を新生児が模倣する現象である。模倣といっても、新生児は特定の表情を意図的に模倣するわけではなく、たんに共鳴的に反復しているだけである。しかし、そうであるからこそ、自己の身体（自己のライブ）は他者の身体（他者のケルパー）と最初から絡まり合って経験されているとも言える。新生児は、他者の顔を物体と同じしかたで知覚しているわけではなく、同じ表情を自己の顔に引き起こしうる特別な物体として知覚しているのである。

そう考えると、私が「自己の身体」として経験しているこの身体も、もともときわめて社会的なしかたで構成されているに違いない。生物学的に、あるいは生理学的に見れば、自己の身体は一定の範囲で個体として閉じたシステムを形成している。たとえば代謝や免疫といった現象に沿って見れば、身体は安定した個体として機能しているだろう。しかし、知覚と行為を出発点にしてとらえると、身体はつねに他者の身体とのあいだで相互的な関係に置かれている。新生児に限らず、大人になっても、他者の身体が何らかのしかたで知覚できる場面では、私たちはそれに知らず知らずのうちに何らかの行為で応じてしまう。たまたま電車に乗り合わせた人たち同士でも、私たちはお互い自然に距離を取り、立ち位置や座席間隔を調整し、視線をあまり合わせないようにふるまっている。

哲学者メルロ゠ポンティは、他者の身体を知覚することが自己の身体において何らかの行為やその可能性を誘発し、逆に自己の身体が他者において何らかの行為やその可能性を誘発するような相互的な関係を「間身体性（intercorporéité）」と呼んだ[6]。私たちは、「自己の身体」と「他者の身体」を明示的に区別できるようになる以前から、このような相互的関係を生きているし、個体化された自己の身体を経験できるようになった後も、この関係は身体の根底ではたらき続けている。だから、身体性から出発して自己について考えることは、身体を介して他者について考えることに通じているし、他者について論じることなく自己についての議論は閉じられない。

ライプとして私が経験しているところの自己の身体は、それがケルパーとして私自身に現れるようになる前に、ケルパーとして私の世界に現れる他者の身体と深く絡まり合っている。むしろ、私が自己の身体を、物体と同じようにケルパーとして把握することができるようになるのは、他者の身体との出会いを介してである。その意味で、自己の身体は、たんに自己による主観的な経験の領域に閉じているわけではなく、最初から他者と共有される間主観的な領域で構成される。これはたんに身体の問題ではない。意識が身体化されているという先の論点と合わせて考えるなら、意識は身体を介して、他者と共有される世界へと接続しているということを意味するのである。

4 本書の構成

本書では、生態学的展開として二つの点を強く念頭に置いて議論を進めたい。第一に、本書では神経科学のさまざまな知見を多く取り上げるが、神経構成主義的な観点に立つのではなく、脳と身体の連続性を重視して考察する。言い換えると、身体という有機体に備わる一器官として脳を位置づける観点を持つことである。身体はそもそも、ひとつの有機体として、環境と相互作用を繰り返し、環境に適応しながら生存している。そのような観点から脳をとらえるならば、おのずと生態学的な観点から脳の役割を再考しつつ議論を進めることになる。脳は、その内部に外界の表象を生み出すことを主な役割にしているのではなく、有機体が全体として環境に適応的な行為を取ることをサポートできるようなしかたで、その機能を果たしていると思われる。こうした観点に立って、身体化された存在としての自己を論じる。これが前半（第1章から第3章まで）の展開である。

第二に、ここでもすでに述べたように、自己の身体の経験が、発達の最初から他者との関係において社会的に構成されることに着目する。従来、身体化された自己をめぐる議論はどちらかというと、個体としての身体に議論が限定されており、道具使用のスキルのように、個別の身体と環境との相互作用の場面を中心として議論が展開されることが多かったように思う。本書では、「環境」がそもそも人間にとって社会的なものであることに注意を向ける。そのうえで、社会的環境を通じて自己と他者がどのように相互に影響し合うのか、また、それを通じてどのように個別の主体として構成されるか、という点を議論する。また、自己と他者の身体的な相互作用によって形成される高次の社会性や間主観性をとらえる。これが後半（第4章から第6章）の課題である。

注

（1）Regalado, A. (2018). Researchers are keeping pig brains alive outside the body. MIT Technology Review.（二〇一八年四月二五日付記事）
https://www.technologyreview.com/s/611007/researchers-are-keeping-pig-brains-alive-outside-the-body/（アクセス二〇一九年三月二七日）

（2）H・パトナム、野本和幸・中川大・三上勝生・金子洋之（訳）（二〇一二）『理性・真理・歴史――内在的実在論の展開』法政大学出版局、一―三三

（3）Fuchs, T. (2018). *Ecology of the brain: The phenomenology and biology of the embodied mind.* Oxford, UK: Oxford University Press. (p. 4)

（4）Thompson, E. (2007). *Mind in life: Biology, phenomenology, and the sciences of mind.* Cambridge, MA: Harvard University Press.

（5）V・ラマチャンドラン＆S・ブレイクスリー、山下篤子（訳）（一九九九）『脳のなかの幽霊』角川書店、九四—九五

（6）Merleau-Ponty, M.（1960）. Le philosophe et son ombre. In *Signes*. Paris, France: Gallimard.

第1章　動きのなかにある自己

1　運動学習の重要性

私がまだ幼稚園児だったころの出来事だと思う。近所の小学校で開かれた水泳の体験教室に姉と一緒に参加させられた。初めて間近に見た二五メートルプールは、その縁から眺めるととても深そうに見えた。足がつかないんじゃないかと思って水に入るのが怖く感じられた。先に入った姉もつま先でトントンと跳ねていないと顔を水の外に出せないらしい。姉より身長の低い私が入れば頭のてっぺんまで水に浸かってしまうだろう。足がつかないのが怖くて、階段からおそるおそる水に入って、縁にしがみついた。

ただ、いちど水に慣れてしまえば気持ちがよかった。水面に顔をつける練習をして、縁につかまりながら浮かぶ練習をした。息を止めて水に顔をつけると全身に力が入ってしまう。それに、足がつかないと思うと怖くてなかなか膝を伸ばせない。恐怖心をおさえて何度か試してみるうちに、うまく力が抜けて全身を水にまかせられる瞬間が訪れた。ふわっと身体が宙に浮いているような感じがしてなんとも気持ちがいい。水に浮かんでいるこの感じをもういちど味わいたくて、こんどは息が続くぎりぎりまで同じ状態を保ってみた。これを何度か繰り返しているうちに、自分の体が水とひとつになったような感じさえした。浮かぶことに夢中になっているうちに、最初感じていた怖さをすっかり忘れていた。

これは私自身の運動学習のひとこまを振り返ってみたものだが、話を水泳に限らなければ読者にも似たような経験があるだろう。運動学習といっても対象は水泳やその他のスポーツに限られるわけではなく、楽器の演奏、ダンス、自動車の運転、料理、裁縫、ビデオゲームなど、練習を通じてパフォーマンスが向上する場面は理論的にはすべて運動学習として位置づけられる。なので、誰もが何らかの運動学習を日常生活のさまざまな場面で経験していると言えるのである。運動学習は一般に、練習を続けるうちに「コツをつかむ」経験が生じ、それ以前は難しく感じられた動作がスムーズにできるようになる段階を経て進んでいく。コツをつかみ、以前はできなかったことができるようになると、「身体がおぼえている」「身体が知っている」という状態が実現する。心理学ではこの状態を、身体運動の手順が記憶として定着した状態とみなして「手続き的記憶」と呼んでいる。

そもそも、歩く、走る、つかむ、投げる、座る、といった日常の基本動作でさえ誕生時の私たちには不可能であって、乳幼児期の長期の運動学習によって初めて可能になる。運動に関連する脳領域で卒中が生じた後では、歩く、物をつかむといった生活に不可欠な動作でさえ滑らかに遂行することが難しくなる（ちなみに、認知神経リハビリテーションの提唱者カルロ・ペルフェッティによると、脳損傷からの回復過程の本質もまた運動学習である）[1]。そう考えれば、運動学習が私たちの生活全体に大きな影響を及ぼしており、「生きられた身体」を考えるうえで基礎的な重要性を帯びていることは明らかだろう。以下、この章で試みたいのは、身体図式（body schema）と身体イメージ（body image）という二つの基礎的な概念を用いて運動学習の過程を理解すること、さらに、運動学習が「身体化された自己」にとってどのような意義を持つのかを考察することである。

2　生きられた身体に備わる図式

序でも述べた通り、現象学では、三人称的な観点から物体としてとらえられる身体とは区別して、一人称の「私」の観点から経験されている身体のことを「生きられた身体」もしくはライプと呼ぶ（ドイツ語のライプ Leib は英語の life に該当する言葉で、生命が宿った存在としての身体という含意がある）。モーリス・メルロ＝ポンティが『知覚の現象学』において展開している通り、生きられた身体は何よりもまず、行為と知覚の主体として経験されている。[2] しかもその身体は、通常の行為や知覚においては明瞭に意識されることがなく、むしろ行為や知覚の対象を浮かび上がらせる当のものとして作用している。たとえば、ペンを使ってメモを取っているときに手首や指先の動きが気になることはあまりないだろうし、絵画を見ているとき、それを見ている眼球の動きは意識にのぼらないだろう。メルロ＝ポンティもこのように述べている。

世界を見たり世界に触れたりしている限り、そのゆえに私の身体は見られることもできなければ触れられることもできない。私の身体が決して対象になることがなく、決して「完全に構成される」こともないのは、それによって対象が存在するところの何かだからである。[3]

私が生きているこの身体がなければ、いかなる行為も知覚も可能にはならない。にもかかわらず、行為や知覚を遂行している最中、その身体は経験の背景に退いてしまっており、経験の前景として焦点化されるのは、行為の対象であるペンや紙、知覚の対象である絵画、あるいはそうした対象の総体としての環境である。身体は、そこからあらゆる知覚が生じるパースペクティヴの原点であり、それを通じてあらゆる行為がなされる原点である。私の身体はむしろ、経験の前景から消え去って透明になることで、環境を出現させ、その中の特定の部分を行為や知覚の対象として浮かび上がらせる。その意味で、メルロ＝ポンティが指摘しているように、私の身体は「それによって対象が存在するところの何か」であって、それ自体が対象になって現れることはない。生きられた身体は、いわば「不在の身体」である。[4]

ただし、もちろん次のような場合には、身体は対象として経験のなかに現れてくる。私が私の身体を知覚する場合、あるいは私の身体を対象として行為する場合である。指先のささくれを取り除くような場面では、私は自分の指先をじっと見つめながら、引き抜くようなしかたで一気に剝がそうとする（医学的にはこういう対処は勧められないが）。このとき、私にとって自己の身体はまさに知覚の対象であり、行為の対象でもある。ただし、このようなしかたで自己の身体が対象として経験される場合も、身体のすべてが対象になって現れてくることはない。先の引用で、自己の身体は「「完全に構成される」こともない」とカギ括弧が付されている箇所はメルロ＝ポンティによるフッサールの引用なのだが、その引用元でフッサールはこう述べている――「あらゆる知覚の手段として私に役立つその同じ身体が、それ自身を知覚するときには私には邪魔になるのであり、奇妙にも完全に構成されることのない事物である」[5]。私は自分の胴体や手足を見ることはできても、頭や背中を見ることはできない。身体は対象になることはあっても、その全体を外側から見ることはできないし、物体にはたらきかけるように全身を外側から操作することもできない。知覚と行為の原点としての性質が残る限り、自己の身体が対象として完全な姿で現れることはないのである。

また、自己の身体が経験において前景化して現れてくるとき、身体を取り巻く環境の側が背景として隠れてしまうことに留意しておこう。頭が痛いときや歯が痛いときは、身体内部の特定の部位に生じている痛みの感覚に気を取られてしまい、他人の話が上の空でしか聞こえてこなかったり、本を読もうとしてもまったく文字を追えなくなってしまったりする。私たちが何かを経験するとき、身体と環境とのあいだにはいわゆる「図と地」の関係があって、環境が図として前景化して現れてくるときは身体が地として背景化し、逆に身体が図として現れてくるときには環境のほうが背景化するのである。

メルロ＝ポンティの考える身体図式は、このような「生きられた身体」を支える中核的機能である。なお、身体図式の概念は分野や論者によってさまざまな含意を持つが[6]、ここでは現象学的な議論に焦点を当てるためメルロ＝ポンティのそれに沿って話を進める。拙論でも以前整理したが[7]、彼の考える身体図式はおおよそ三つの機能に区別して考えることができる。

第一に、身体図式はたんに身体部位の位置関係や姿勢についての認知を司るだけでなく、各身体部位の運動を統合しつつ環境に向かう行為を組織化するということである。身体図式はもともと二〇世紀初頭の神経学で導入された概念で、脳内に保持されていると想定される身体表象（body representation）を意味していた。脳損傷患者のなかに、身体部位の認知（たとえば手や足がどこにあるかを認知する）や運動の認知（全身がどのように動いたかを認知する）に支障をきたす者が見られるため、固有感覚や運動感覚に対応する全身の表象が脳内に存在すると想定されたのである[8][9]。メルロ＝ポンティは、当時の神経学のこうした知見を取り入れつつも、そもそもなぜこうした認知が可能になるのかを問うている。身体部位の認知が可能になるには、全身との関係において当該部位が位置づけられている必要があるし、運動を認知するにも、全身の姿勢との関係においてどこがどう動いているのかを知る必要がある。だとすると、身体部位や運動の認知を可能にする「統合された全身」という参照枠が必要になるはずであり、それこそが身体図式のもっとも基礎的な機能であることになるだろう。

では、どのようにして「統合された全身」を私たちは入手しているのだろうか。メルロ＝ポンティの考えでは、環境へと向かっていく行為を通じて身体が生きられるとき、身体はみずからをひとつに統合しているのである。全身の各部位が滑らかに連動して、ぎこちなさから生じる違和感が解消されるからこそ、身体は経験の焦点にならずに背景として消え去ることができる。こうした有機的な統合が生じていなければ、私は環境にはたらきかける行為に専念することができないだろう。それゆえ、「身体図式は、有機体の計画に対する価値の比率にしたがって、身体諸部位を積極的にみずからに統合する」[10]とメルロ＝ポンティは言うのである。ひとつの行為は身体のさまざまな部位のさまざまな運動が互いに協調することで成立しているが、そうした協調を生み出しているのが身体図式である。例として、自転車に乗っている場面を思い浮かべるといい。手でハンドルを握りつつブレーキを操作し、脚でペダルを回転させながら、体幹は一定の範囲で前傾姿勢を維持している。上肢、下肢、体幹、それぞれがまったく異なる運動課題をこなしているにもかかわらず、「自転車をこぐ」という全体的な行為の計画に見合うしかたで、力の入れ方や動きのタイミングにおいて協調を保っている。

第二に、身体図式は、環境とかかわるうえで習慣化された行為を堆積する機能を持つ。生きられた身体が日常生活において遂行する行為の多くは、比較的安定した環境において求められるパターン化された行為である。歩くことや物をつかむことだけでなく、自転車に乗ること、ペンを使って文字を書くこと、箸を使って食べることなど、いわゆる道具使用も習慣化された行為の重要な一部をなす。こうした基本的な行為が習慣として堆積することで、私たちの身体は安定したしかたで環境にかかわり、環境に適応することができている。もちろん、身体の前に現れる環境はつねに同一の状態を保っているわけではなく、小さな変化や（いつも使用するテニスコートに雨が降って水たまりができたり）、大きな変化をともなう（クレーコートがハードコートに変えられてしまったり）。環境の変化に応じて求められる行為もそのつど変化するため、習慣化された行為は、そのつど与えられる環境に適したしかたで柔軟に変形されねばならない。そこでメルロ＝ポンティも、生きられた身体の二つの層として「習慣的身体（le corps habituel）」と「現勢的身体（le corps actuel）」を区別している。[11]

身体図式は、一方では習慣化された行為を堆積して習慣的身体を形成しつつ、他方では現在の環境に見合ったしかたでそれらの行為を柔軟に組み替えて現勢的身体を生み出している。ただし幻肢のような事例では、習慣的身体と現勢的身体の調整が適切にはたらかなくなる。幻肢は、事故や手術によって四肢の一部を失った場合に生じる現象で、ないはずの手や足に痛みやしびれの感覚が生じたり、それらが動くように感じられたりする。患者はたとえば、電話が鳴るとそこに向かって存在しないはずの手が伸びていくのを経験するという[12]（第3章参照）。これは、腕を失った現勢的身体では実現できない環境との相互作用を、習慣的身体においていまだ実現しようとする実践的志向が作動するために生じるのである。いわば、習慣的身体の層に堆積されていて「身体がおぼえていること」が環境の要請に応じて発現する点に幻肢の症状のひとつの特徴がある。

第三に、身体図式は学習された運動行為を習慣として堆積するとともに、環境中の行為可能性を知覚できるようにする。そもそも、知覚することは環境に由来する刺激をただ受動的に受け取って脳内で一定の像へと構成する過程ではない。神経系はもちろん重要な役割を果たしているが、受け取った刺激を脳へと伝達する以前の段階で、私たちは自己の身体を通じて環境の特定の側面を意味あるものとして切り出しているのであり、受容器に入力される刺激そのものがすでに一定の取捨選択を経ている。メルロ＝ポンティの考えでは、このような選択的機能を担っているのが生きられた身体に備わる行為可能性なのである。たとえば、イスという対象は私には「座れる場所」として知覚されるが、それは私の身体がヒトの身体として一定の形状と運動性を備えているからであって、アリの身体やゾウの身体ならば「座れる場所」として知覚されることはない。また、生きられた身体はみずからに備わる行為可能性を周囲の環境に投射することで、生存にとって意味のある場所として浮かび上がらせている。「身体図式の理論は暗に知覚の理論である」[13]という印象的な一文をメルロ＝ポンティは残しているが、彼の主張する知覚理論は、知覚心理学者ジェームズ・ギブソンが提唱したアフォーダンスの概念にもとづく生態学的な知覚理論[14]に大いに類似する内容を持っている。

そして、身体図式が行為可能性にもとづく知覚を準備しているからこそ、いちど学習された運動は反省を要することなく「身体が知っている」（身体知）ようなしかたで状況に応じて発動することができる。字を書くとき、自転車に乗るとき、食べ物を口に運ぶとき、私は紙や路面や食べ物といった対象の側を明瞭に意識するのであって、行為を実現するのに必要な運動の手順を頭のなかで組み立てたりはしない。身体が背景化して行為が暗黙のうちに遂行されることと、対象と環境が前景化して明瞭に知覚されることは表裏一体の関係にあって、運動学習を通じて習慣化した無数の行為が身体図式に堆積することで、身体が背景化することそれ自体が可能になっている。このような状態が実現するには、心的表象が媒介することなく知覚と行為がダイレクトに結ばれる必要がある。反射のように意図を必要としない状態ではなく、自転車を運転する全般的な行為の意図に合致して、下り坂の知覚がブレーキをかける行為に直結しておのずと生じるような状態である。

こうして整理してみると、身体図式が運動学習において核心的に重要であることがはっきりしただろう。以下で、現代の科学的研究との接点を模索しながら、さらに検討を続けてみよう。

3　運動学習の科学

運動心理学を専門とするリチャード・シュミットらによると、運動学習は「熟練した行動をする能力における比較的永続的な変化へと導くような、練習または経験に結びついた内的過程[15]」である。運動学習は技能の習得として生じ、そこには神経生理的過程や心理的過程がともないうるが、いずれにしても個体内部の変化として生じる過程である。ただしそれはたんなる内的過程ではなく、その結果として外的に表出する行動が熟練されたもの（スキル）へと変化する。この変化は練習をはじめとする一連の経験によって導かれるものである。

　では、この個体内部の変化はどのように説明されるのだろうか。運動学習の科学では、ポール・フィッツらの古典的研究以来、スキルの習得過程は連続的に移行する三つの段階に区別できるとの考えが広く支持されている。[16][17]①認知段階（cognitive phase）：学習初期の段階で、学習しようとしている運動課題の手順を明示的に理解することから始まる。過去の経験や環境の条件などを考慮しながら課題の難易度を判断し、どのような運動戦略を用いると課題が達成できそうかを考えるプロセスも含まれる。「what to do（何をすべきか）」を学ぶ段階である。②連合段階（associative phase）：学習者の注意の焦点が課題の内容から自己の運動パフォーマンスに移っていく。身体各部位を協調すること、動作のリズムやタイミングを調節すること、動きの力や方向を調整すること、動きの大きさを制御すること等を通じて、パフォーマンスの結果についてフィードバックを得ながら自己の動きを修正していく。それにより、運動の正確性や速度が向上する。「how to do（どうすべきか）」を学ぶ段階とされる。③自動化段階（autonomous phase）：運動学習が一定の完成に達する段階で、個々の動作について反省することなくほぼ自動的に運動を遂行することができる。運動課題を暗黙に遂行できるようになるため、その運動をしながら別の課題を同時に実行できる（自転車に乗りながら考えごとをするなど）。「just do（ただ行う）」の段階である。

　それぞれの段階で重要な役割を果たす神経回路についても、ある程度まで解明が進んできている。運動学習には運動の実行に直接関与する大脳の運動野をはじめ、視覚野（視覚的に運動を理解する）、頭頂連合野（身体と空間の関係を整理する）、前頭前野（運動の手順を整理して一時的に記憶する）、さらに皮質下領域（情動を介して学習を動機づける）や小脳に至るまで、きわめて広い範囲に分散する数多くの神経回路が関与している。

初期の①認知段階では、運動の手順について、他者の身体を視覚的に認知しつつ理解したことを自己の身体運動に置き換えねばならない。ここでの視覚座標系から運動座標系への情報の変換には、視覚刺激と運動情報の連合を司る運動前野が重要な役割を果たすと見られている[18]。他者の行為を見ているときと自分で行為を遂行するときの双方で活動するいわゆるミラーニューロンも運動前野に位置しており、他者の教示を模倣して学習することに関連していると考えられる[19]。また、続く②連合段階では、運動を外在的に理解することよりも、運動をみずから制御する過程が重要になる。運動制御には、（a）大脳基底核を中心とする回路と（b）小脳を中心とする回路が異なる役割を果たしている[20]。大脳皮質領域で関係する主要な部位は、直接的な運動出力をになう一次運動野、視空間情報との関連づけに関与する運動前野、運動の順序に関与する補足運動野である。これらが基底核と連結する（a）の回路では、運動の順序や組み合わせが制御され[21]、小脳と結ばれる（b）の回路では、運動に関する皮質からの情報と末梢からの感覚情報が統合され、運動の適正化が行われる[22]。加えて、（c）前帯状皮質を中心として基底核と視床を結ぶ回路が報酬にもとづく行動の調節にかかわっていると見られている[23][24]。つまり、運動が成功した場合の快感や他者から褒められる経験を介して学習が強化される過程にこの回路が関与していると考えられるのである。最後の③自動化段階では、小脳と一次運動野がそ

れぞれ学習した運動を手続き的記憶として固定することに関与すると見られている。(25)

ところで、「運動学習」として概念化できるような、経験を通じた行動の変化がそもそも可能であるには、運動を遂行した結果として生じる身体や環境の変化についての感覚的なフィードバックを受けて、次の運動を変えることができる仕組みが個体に備わっていなければならない。学習中の課題についての「正解」が運動を遂行する前から保持されていなければ、運動後の結果はただの感覚情報であって、次の運動を変化させるきっかけとして作用しないだろう。たとえば、テニスのストロークを学習するさいにボールを打ち返す場面を考えるといい。相手コートにボールが入ることが「正解」とされていなければ、打ち返されたボールがどこに飛んでいってもフィードバックとして機能する視覚情報にはならない。さらに言うと、ここでの「正解」は、打ったボールが相手コートに入るかどうかという大雑把な環境の変化にとどまらない。スイングの視覚的イメージや、インパクトの瞬間の触覚的イメージなど、身体運動についての繊細な予期的イメージを含んでいる。また、そうした予期的イメージは、フィードバックを待つまでもなく、フィードフォワードとして作用することで、振り出すラケットの面の角度や、インパクト時の微妙な力の入れ具合のように、運動を実行する直前の段階において、運動のきめ細かな調整を可能にしていると考えられる。

運動制御の神経科学では、こうした観点は以前から「内部モデル」として概念化されている。内部モデルは、運動司令と身体運動の関係を対応づける、脳内に存在すると見られるモデルである。(26) 過去の経験によって内部モデルは形成されるが、これが機能することによって、運動を実行する前に結果

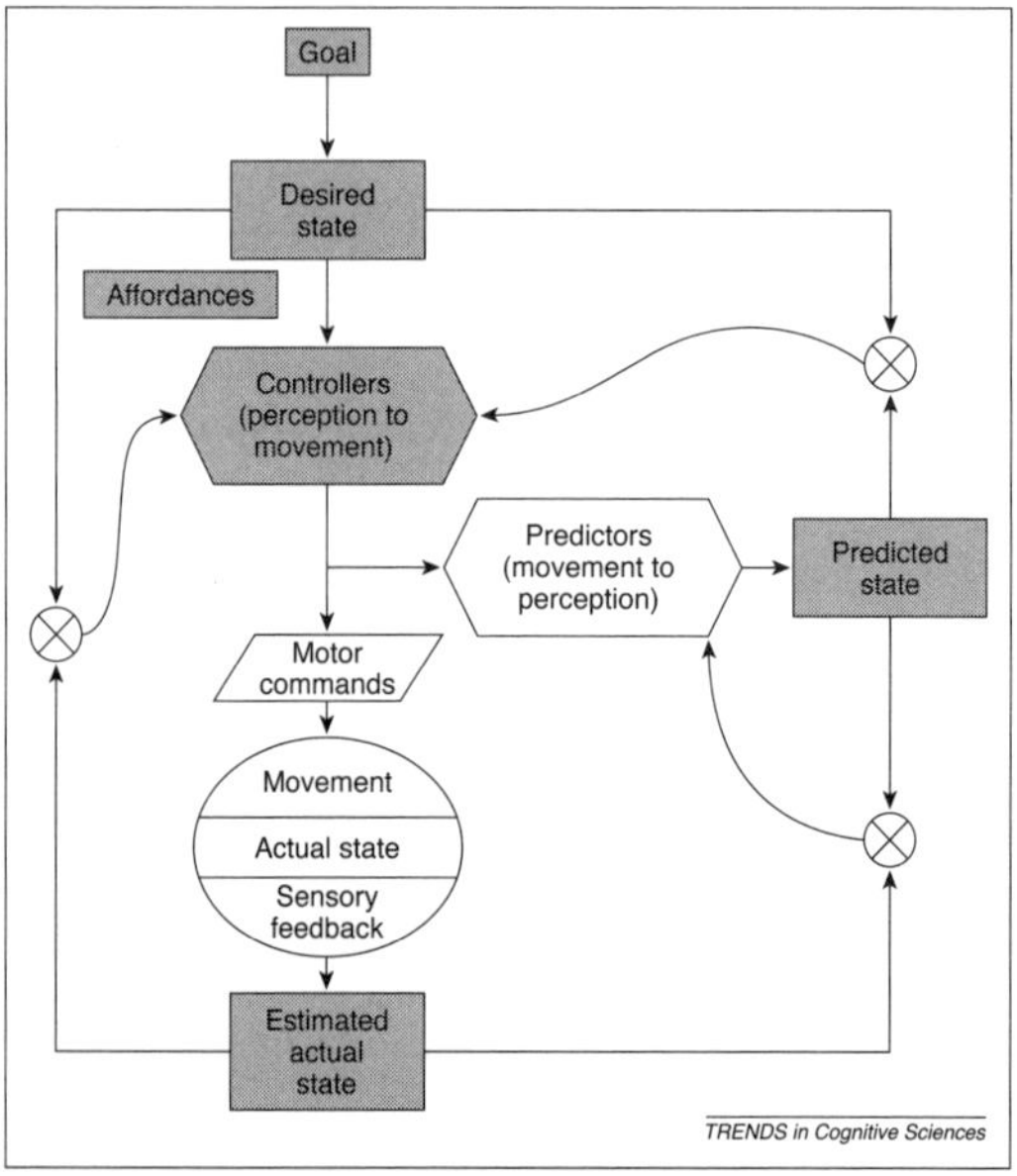

図1　運動の内部モデル

を予測することや、予測される望ましい結果を事前に参照して運動司令を先回りして調整することが可能になる。神経科学者のサラ・ジェイン・ブレイクモアらが、意識できる要因とそうでない要因に区別して内部モデルを図示したものがあるので、これを参照しておこう[27]。

この図は行為の目標（Goal）から始まる。たとえばコップを手に取って水を飲むという行為を実行するには、コップの位置を知覚してそれを口に運ぶまでの必要な運動が制御装置（Controllers）によって計算されねばならない。必要な運動手順が産出されると、それは具体的な運動司令（Motor commands）として一次運動野から末梢へと伝達され、運動（Movement）と感覚フィードバック（Sensory feedback）

を経て結果の推定値（Estimated actual state）をもたらす。左側中央のバツ印は、運動が生じた後の結果と当初目標との比較照合が生じることを意味する。たとえば手をぶつけてコップをつかみ損ねたとすると、改めて制御装置に戻って運動の方向を変える司令が生じる。以上が図1の中央から左側の系列である。

一方で、手をぶつけた後になって運動が修正されるような経路だけでは、私たちがいつもしているような滑らかな動きを実現できない。たとえば動いているボールをつかむ場合、刻々と変化しつつある環境を予測することが必要になるし、その予測に対応する全身状態についての予測も必要になる。そこで、行為遂行後の感覚フィードバックを待つことなく運動を制御することを可能にするような、図の右側の系列が想定される（狭義の内部モデルはこちらの系列を指す）。この系列には二つの経路がある。運動を実行する中央の系列から分かれて、運動司令のコピー信号（遠心性コピー）を利用して運動実行時の全身状態の予測（Predicted state）を得て、そこから逆算して必要な運動を調整する経路（右上のバツ印から制御装置へ戻るルート）。これは「逆モデル」と呼ばれる。他方、行為遂行後に生じる環境の変化を予測し（Estimated actual state）、それを運動実行時の全身の予測（Predicted state）と照合しながら、予測そのものを調整する経路（右下のバツ印から制御子（Predictors）へ戻るルート）。これは「順モデル」と呼ばれる。

掲載した図1は本来、黄色（白）と紫色（アミかけ）の二色に区別されているが、ブレイクモアらによると、これらはすべて運動に関連する神経表象であり、黄色の箇所は本人が意識できない領域であるのに対し、紫色の箇所（アミかけ箇所）は本人に意識できるとされている。興味深いのは、感覚フィードバックを待つことなく予測を中心にして機能する右側の経路も、予測される全身の状態（Predicted state）については意識できるとされていることである。この点は、運動イメージに関連して後でもういちど取り上げる。

4　二つの事例——シュナイダーとウォーターマン

次に、以上の知識を具体的な事例の文脈に置き直して考えてみよう。運動学習との関連で取り上げたい神経病理学の事例が二つある。ひとつは、アデマール・ゲルプとクルト・ゴールドシュタインが報告し、メルロ＝ポンティもその著作で詳細に論じている症例シュナイダーである。(28) シュナイダーは第一次世界大戦中に後頭部を負傷し、後頭葉をはじめとする脳損傷に由来する多様な症状を示した。

彼の症状の中心は統覚型視覚失認にある。対象の認知に必要な視野は保たれているものの、それを見ても何であるかがわからない。たとえば、物品については、日常のなかで使い慣れたものであれば認知できるが、見慣れないものになると失敗する。手で触れたり、物品が発する音を聞くなど、別のモダリティを動員しなければならない。文字や図形を判別するにも、指先でなぞったり、頭を動かして輪郭をたどるといった作業が必要になる（いわゆる失読の症状をともなう）。また、自発的に文字や図形を書くことはできるが、模写はできない。なお、ここでは立ち入らないが、シュナイダーの症状が純粋な統覚型視覚失認に該当するかどうかは神経学の内部でも議論があるので留意されたい[29][30]。

ここでこの事例について取り上げるのは、症状が視覚的認知の問題にとどまらないからである。シュナイダーには、触知覚の空間的定位や運動機能にも問題が見られる。たとえば、閉眼した状態で頭・腕・脚といった部位に触れられると、彼はそれが体表面上のどこなのかを言うことができない。あるいは、手や足を動かしたり、手指を曲げ伸ばしするように言われても、それを遂行することができない。自分の鼻の位置を指示するように命じられても、鼻の位置がどこなのかがわからない。しかしその一方で、鼻に触れることが日常的な行為の一部として現れる場合は問題なく遂行できる。たとえば、ポケットからハンカチを取り出して鼻をかむ動作のような場合である。

そもそも、ゲルプらの記述によると、日常生活において習慣化している動作ならばシュナイダーはほとんど問題なくこなすことができ、しかも閉眼した状態でもできる[31]。箱からマッチを取り出してランプに火を灯すという行為でさえ閉眼してできるという。つまり、自動化段階に到達している運動行為については、視覚の補助があってもなくても、パフォーマンスに大きな変化はないようなのである。こうした観察にもとづいて、ゲルプとゴールドシュタインは、日常生活のなかで実施される習慣化した行為と、そこから切り離されて抽象的になされる行為とを区別している。興味深いことに、後者についてては視覚の補助がないと実行が困難になるため、抽象的運動については、視覚または視覚的表象の補助が必要なのではないかと彼らは推測している（運動学習に則して言うと、初期段階では抽象的運動として課題は学習されるのであり、視覚的なイメージの補助が必要なのである）。

ここからわかる通り、シュナイダーには運動障害があるものの、「できること」と「できないこと」をめぐって、きわめて対照的な差異が見られる。メルロ＝ポンティが論じていることもここに加味して整理すると次のようになる。[32] すでに習慣化され、身体がおぼえているような動きを反復すること、またその範囲で、状況の必要に応じて自然なしかたで行為すること（具体的運動）、あるいは、それとなく身体の一部をつかむこと（把握）は可能である。しかし、他者の指示通りに意識して身体を動かすこと、もしくは状況の必要を離れて身体を動かすこと（抽象的運動）、身体の部位を特定して指差すこと（指示）はできないのである。

では、もうひとつの事例をここに重ね合わせてみよう。神経科医のジョナサン・コールが報告している事例ＩＷ（イアン・ウォーターマン）である。[33] ウォーターマンは、ウイルスの感染によって求心路遮断に陥った。つまり、末梢の受容器から入ってくる感覚情報が、感覚神経と脊髄を通過して大脳皮質に到達するどこかの段階で遮断されているという状態である。その結果、発症後に彼は首から下の固有感覚と触覚をすべて失い、顔以外の部位を動かすことがまったくできなくなってしまった。そもそも固有感覚を通じて姿勢や身体各部の位置を確かめることさえできないため、身体を動かす内的な手がかりがまったくない状態だった。しかし驚くべきことに、ウォーターマンは、視覚を通じて身体に意識的な注意を向けること、事前に身体運動を頭のなかで組み立てることを通じて、その後二年間でさまざまな動作を再学習していったのである。歩く、食べる、字を書くといった生活に必要な最低限の動作に加えて、自宅を掃除したりオフィスで働いたりするのに必要な動作をひとつずつ習得していった。

哲学者ショーン・ギャラガーとコールの共著論文によると、ウォーターマンが独自に獲得した運動の方法は次のようなものである。[34] ①視野のなかに身体を保ち、動かそうとする部位に注意を向けて、具体的な運動について考える。②動かない物体を視野に保って見ておき、それとの関係で平衡のとれた姿勢を維持する（前庭系からの入力は遮断されていなかったので、平衡は運動より容易に保つことができたようである）。③倒れないよう姿勢を維持するため、筋肉を全般的に固めてじっとしている。④リーチングなどで重心が変化するときは、身体の反対側にも注意を向けて動かし、倒れないようにする。⑤手先が視野から消えるとどこにあるのかわからなくなるので、動かす前に動きの範囲を確認しておく。

このように、反省的意識のもとで身体を見つめて対象化し、事前に身体運動のイメージを組み立てたり、身体と環境の変化を予測したりしてウォーターマンは運動を実現している。だからもちろん、運動を再学習したといっても、それが自動化段階に到達することはなく、意識的な注意を持続できるあいだしか運動も継続できない。もっともよく制御できる歩行についても自動化されているわけではなく、本人によると、明るい場所で平坦な道を歩くときでさえ五〇―七〇パーセントの注意を必要とし、平坦でない道の場合は一〇〇パーセントの注意を要するという。また、暗くて身体が見えない場所では歩けない。イギリスBBCで放映された映像を見るとわかるが、彼の歩き方は、意識的に制御されている運動に特有のぎこちなさを強烈にともなっている（ただ、それでも歩いているという一種の尊厳も感じられる）。

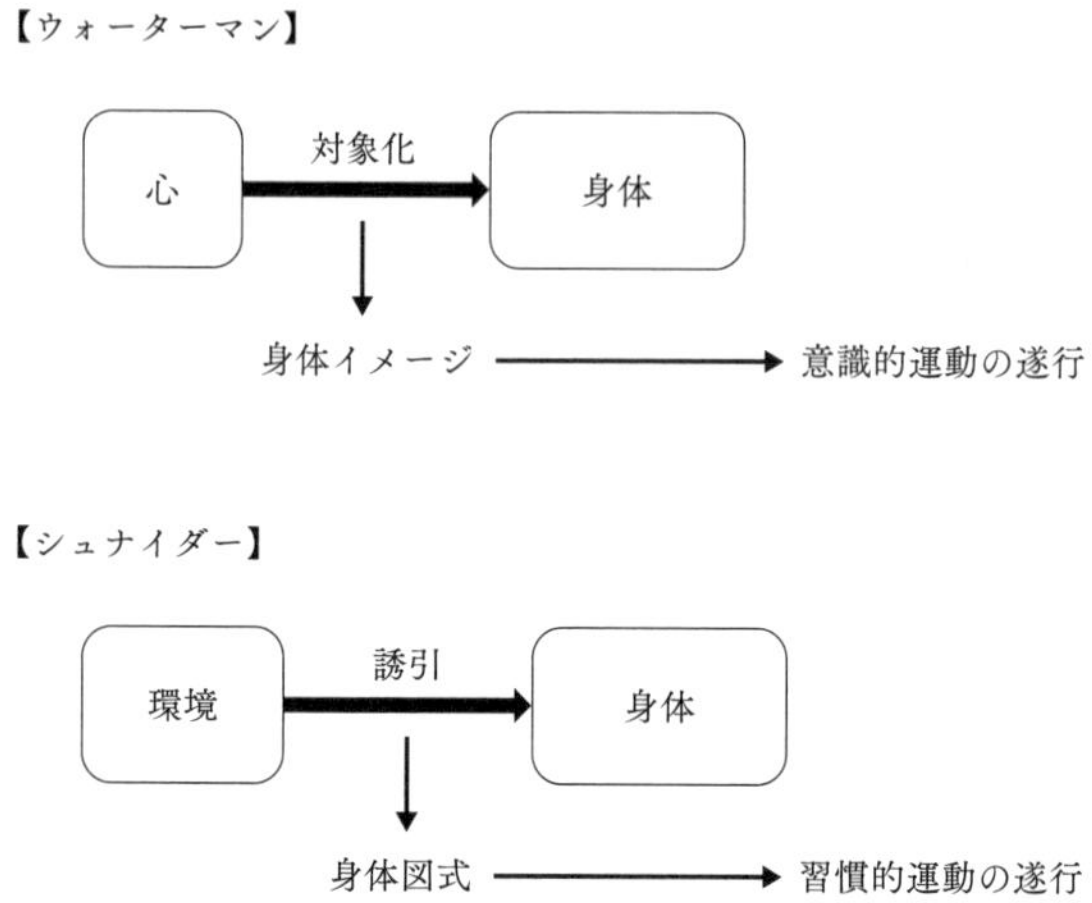

図 2　ウォーターマンとシュナイダー

こうして二つの事例を並置してみるとわかるのは、ウォーターマンの場合、身体を視覚的に対象化し、頭のなかで事前にイメージを作ることで身体を動かすことはできるが、そのようにして学習された運動は決して習慣化することがない、ということである。運動学習が自動化段階に到達するには、それを支える身体図式の機能が必要なのである。他方で、シュナイダーにおいては、環境からの誘引を受けて習慣化した運動を遂行できる範囲で身体図式は機能しているものの、新たな運動課題の学習は不可能であろうということである（そもそも指示に沿って身体を動かせない）。運動学習が成立するには、習慣化した運動の遂行を担う身体図式が機能するだけでは不十分で、知覚を通じて対象化された身体の像、すなわち身体イメージをはたらかせることが必要なのである（図2）。

ウォーターマンの事例に沿って、ギャラガーとコールも、彼の運動が身体図式ではなく身体イメージにもとづくものであると指摘し、両者の理論的区別を促している。[35] それによると、身体イメージとは、知覚、概念、知識、情動など、さまざまな心的作用を通じて対象化された自己自身の身体である。身体図式が主に習慣的運動のレベルで作用するものだとすると、それは私が意識的に発動させるというよりは、いわば匿名的な行為主体として、環境に向かって全身の運動を組織化する機能だといってよい。したがって、身体図式のはたらきは明確な反省的意識にのぼることもないし、対象化されることもない。これに対して、身体イメージは、「私の身体」として対象化された像である点で異なっているのである。ギャラガーは、身体を対象化する心的作用に沿って、身体イメージを三つの側面（身体知覚・身体概念・身体情動）に区別できるとしている。[36]

拙稿でもかつて論じた通り[37]、対象化されるかどうかという点以外に、次の点でも身体図式と身体イメージは異なっている。（a）人称性：身体図式は主に意識下で身体運動を組織化する匿名的な作用であり、人称が成立する以前という意味で「前人称的」な機能である。これに対して、身体イメージには、心的作用を通じて、この身体を「私の身体」として対象化する契機が含まれており、一人称的な性質を帯びている。（b）空間性：身体図式は、目の前に広がる環境を前景化するとともにみずからは背景化する。そのため、空間的なパースペクティヴが広がる起点としての「ここ」という空間性をつねに帯びている。身体イメージは、実在的な視点であれ想像上の視点であれ、自己の身体を外部から対象化する視点とともに成立する。したがって、他の物体が現れる環境世界や、他の想像対象が現れる心的世界の側に、それらの対象と並置されるものとして現れる。身体イメージは、パースペクティヴを成立させる座標系の原点として機能するような空間性を備えていない。

5 運動学習において解明されるべきこと

ここまでの議論を踏まえて、運動学習についてさらに明らかにされねばならない論点が二つ残っている。第一は、学習の初期段階で必要となる身体イメージについてである。新たな運動学習に開かれていないシュナイダーは、みずからの身体を対象として知覚し、身体イメージを構成することができない。特定の運動を学習するためには、いつもは背景化している身体を前景化し、それを対象として意識し、意図に沿って動かすことを試みることから始めなければならないが、シュナイダーは身体を前景化させる手がかりを失っているようである。

メルロ゠ポンティは身体図式と身体イメージを理論的に区別しなかったが(この点は身体図式論をさまざまな病理現象の理解に拡大するうえで理論的課題を残している)、シュナイダーの身体図式について、「この疾患において緩んでいるのは志向弓である」(38)と述べている。志向弓は生理学で言う「反射弓」を逆転させた概念である。与えられた刺激に対して、意識を介在させず筋肉や身体のレベルで反応が生じることを一般に反射という。メルロ゠ポンティはこれに対して、私たちの身体図式が周囲の環境に向かってさまざまな行為の可能性を投射し、環境から帰ってくる反響を知覚している様子を「志向弓」という概念で記述しているのである。

通常ならば、習慣化した各種の行為がスキルとして身体図式に堆積しており、そのような身体が環境に向かっていくときには志向弓が発動し、環境は決して無意味な物質の集合として現れてくることはなく、種々の行為可能性に満ちた場所として知覚される。しかしシュナイダーの場合、行為可能性ではなく、行為の必要性においてしか環境は知覚されていない。生活に必要な行為は大きな問題なく遂行できるものの、環境のなかに潜在している行為の可能性を拾い上げるような知覚が彼にはできないのである。たとえば、空のコップを前にして水を飲むふりをするということがシュナイダーにはできない。「ふり」は、さしあたりの行為の必要性を離れて、可能的状況をそこに重ね合わせつつ、想像上の行為を遂行することである（砂場を台所に見立てて料理を作るふりをする「ままごと」を思い浮かべるといい）。シュナイダーの場合、可能的状況を所与の現実に投射し、その反響として行為可能性を受け取るという志向弓のはたらきが縮減されている。

筆者がここで指摘したいのは、運動学習の初期に必要とされる身体イメージとは、可能的状況を背景として浮かび上がってくる行為可能性のイメージであろう、ということである。新たな運動課題を学習するのに、課題のイメージに沿って身体を動かそうと試みることは、必要な手順ではあるが実現可能性を考慮すると十分ではない。過去の学習によって身体図式に堆積されているスキルと、学習すべき運動課題の難易度のあいだの開きが大きすぎる場合、いくらイメージを明確に思い描くことができても、意図した通りに身体は動かない。一定の努力でできるようになる運動課題は、すでに学習して身についているスキルと連続している必要がある。

そうだとすると、学習すべき課題や関連する環境に出会ったときに、状況の側から自発的に浮かんでくる行為可能性のイメージでなければ、学習を支える身体イメージとして機能しないだろう。この点は、運動学習において一般に「カン（勘）」と呼ばれるものに関係する。金子明友は、現象学的な観点から「カンは私の身体とそれを取り巻く動感志向の情況とのかかわりのなかで、動き方を選び、決断して実行に移せる身体知である[39]」と記述している。カンは、状況のなかで自分の取りうる動作を予期的にイメージする能力である。カンとともに湧き上がる身体イメージは、ウォーターマンが事前に周到に準備しているような計画的なものではなく、萌芽的で、状況依存的で、本人の一人称視点のもとで自発的なシミュレーションとして生じてくるような、いわゆる「運動イメージ」である（3節で指摘した「予測される全身の状態」）。近年の研究では、補足運動野と運動前野を中心とする広範囲の前頭・頭頂ネットワークが運動イメージに関与していること[40]、一人称視点と三人称視点の運動イメージがそれぞれ初期の運動学習に異なる影響を与えること[41]、がともにわかってきつつある。

カンと運動イメージを連続的にとらえる立場から言うと、運動学習を効果的に進める最初の一歩は、想像力をたくましくするようなやり方で運動中の自己の身体イメージを明瞭に思い描くことではない（メンタルトレーニングの多くはこの点で方向性を誤っているように思われる）。そうではなくて、学習目標となっている動きのイメージを喚起できるような環境や、身体のあり方を整えることである。カンは、身体と環境のあいだで創発する運動イメージに他ならない。ならば、その「あいだ」を調整することが初期の学習に大いに貢献するだろう。あいだの調整がうまくいくと、カンが作用し、動きのイメージが自発的に生じてくる。これが逆モデルを介して、状況に適合する運動司令を生成させ、成功確率の高い運動を出力する。運動学習や内部モデルについても、純粋に個体内部のものとしてではなく、生態学的視点から考えるべきである。

第二は、運動の自動化と身体図式をめぐる論点である。触覚と固有感覚のフィードバックがなく、身体図式が実質的な機能を失っていたウォーターマンの身体においては、学習した運動が自動化されることは決してない。意識的な注意を払うことができる限りでしか運動を遂行できない以上、意識せずとも身体がおのずから動くという状態は実現されることがないのである。しかし通常の運動学習の場合は、連合段階で意識的に実践することが求められるタイミングの調節や、運動の方向と量の調整などは、じょじょに不要になっていく。これは、明示的な感覚フィードバックを経なくても運動の調整ができるようになっていくことと同義であるから、ここで生じていることは、予測を中心に運動を制御する内部モデルの形成を支えていると思われる。

自動化段階に到達するために必要なのは、運動学習において一般に「コツ（骨）をつかむ」と呼称されているような事態であろう。コツをつかむことを経て初めて、ある運動のしかたを「身体が知っている」と呼びうるような状態が出現する。意識的な注意を向けて意図的に身体を動かそうとしなくても、身体が行為主体としてその運動を遂行できる状態へと変化するのである。習慣的行為として実践できるほど十分にその運動課題が身体化され、身体図式に堆積される段階へと移行することになるわけである。コツは漢字では「骨」と表記されるが、これはおそらく、ある運動のパターンを把握するさいに、骨に該当するような身体深部で生じている感覚的経験を指しているのだろう。

コツをつかむ経験において生じているのは、身体イメージに沿って意識的に身体を動かしている状態から、状況に見合ったしかたで全身が自発的に動く状態への、運動の質の転換である。メルロ＝ポンティの身体図式論の観点からすると、コツをつかむ経験は次のように記述することができる(42)。コツをつかむ以前の状態では、運動を遂行している身体各部位の動きが全体として協調しておらず、いまだ「ばらばら」な状態にある。しかし、練習を繰り返すうちに、完成された運動のイメージに沿って身体を動かそうとする意図と、実際の身体の動きがたまたま一致する瞬間が訪れる。メルロ＝ポンティはこの瞬間を「運動的意味の運動的把握(43)」と表現する。動きのただなかで、全身を一貫して流れる時空間的な配置を経験すること、と言い換えてもよい。

上体の構え、手の動きの大きさと力の入れ具合、軸足の保ち方、など、身体各部位の動きを意識的に調整するだけでは、コツはつかめない。そうした努力は必要条件ではあっても、十分条件ではない。コツをつかむ経験には、偶然性が打ち消しがたくともなっている。動作の意図と実際の動作がたまたま一致するからこそ、「できた！」という明証性のある感覚がともなうのである。この点は、運動学習にともなう喜びや感動の経験とも連続しているだろう。意図的な調整のみで獲得できる動作は、既存の身体図式に備わる運動レパートリーで対処できるものであり、学習にともなうべき新規性を欠いている。コツをつかむ経験は、既存の身体図式に新しい運動をつけ加えることであり、身体図式の更新なのである。

このような身体図式の更新を経ると、新しいやり方で環境と相互作用することが可能になる。箸で食べ物をつかむことができるようになると、箸はたんに「つかめる」「にぎれる」棒として知覚されるだけでなく、「それを使って物をはさめる」道具として知覚されるようになる。テニスのストロークができるようになることは、腕の振り方やラケットへの力の伝え方や軸足の使い方をおぼえることだけを意味しない。さまざまな速度で飛んでくるボールを知覚することが、ボールが一瞬後に到達する位置を予測してそこに走っていく行為を身体に呼び起こす。つまり、以前には不可能だったしかたで、環境の知覚が学習された行為をアフォードするのである。志向弓が刷新され、知覚と行為の循環的関係が新たな水準で再編されたということである。内部モデルで言うと、行為遂行時に変化しつつある環境を予測し、それに対応して運動を調整する順モデルの機能が、より環境に適応したしかたで刷新されたことを意味する。

6　運動学習が可能であることの意義

私たちが運動を学習できる存在であるということの意義はきわめて大きい。歩くことやつかむことのような日常の基本動作から始まり、道具を使うことや言葉を話すことも、基本的には運動学習として発達する能力である。

そして、個々の課題を学習する以前と以後では、学習主体の内部でさまざまな変化が生じる。脳内では、運動皮質、基底核、小脳を中心とする神経回路の反応パターンが変化することで運動の記憶が定着するだろう。それは一方で、内部モデルの変化として表現される。だが変化するのは脳内だけではない。脳と連動して身体もまた変化する。むしろ直接経験として私たちに与えられるのは、生きられた身体のレベルでの変化である。それは端的に言うと、意図にそぐわず「できないこと」として身体に生じるしかなかった運動が、練習を経て「できること」に変化していく過程である。最初は、三人称視点で対象化された身体イメージのレベルで理解していた運動が、状況のなかでカンをはたらかせながら自分でやってみることで、一人称視点で自発的に思い浮かぶ運動イメージへと変化し、コツをつかむ経験を経て実際に自分で実行できる運動になる。こうして身体図式へと定着した運動は、反省的意識をはたらかせなくても身体がおのずと動くようなしかたで、環境が多少変化してもたくみに実践できるのである。

変化は個体内部だけに閉じていないことをもういちど確認しておこう。身体図式は、知覚と行為を介して身体が環境と相互作用するうえで要となる役割を果たしている。運動学習を経て身体図式が更新されることで、環境の知覚が変わり、その知覚によってアフォードされる行為が変わる。冒頭での私自身のエピソードを例にして言うと、たった二時間ほど水になじむ経験を経た後で、プールの見え方がずいぶん変わっていた。深そうに見えるのはあいかわらずだったものの、足がつかない怖い場所という見え方ではなく、うつぶせになって気持ちよく浮かべる場所という見え方に変わっていた。ザブンと飛び込むとどんな感じがするのだろう、水面を見ながらそんなイメージが心をよぎった。

運動学習は、実践可能な行為のバリエーションをつけ加えることで、身体図式を変える。そして、身体図式が変わると、身体はいままでよりも豊かな行為可能性を環境世界に向かって投射することができるようになるため、環境の知覚も大きく変わる。運動を学習することの意義をメルロ゠ポンティが記述している箇所があるので、引用しておこう。

意識とは、身体を介して事物へと向かう存在である。ひとつの運動が習得されるのは、身体がそれを理解するとき、すなわち、身体がその運動をみずからの「世界」へと組み入れるときである。身体を動かすことは、身体を通じて事物へと向かっていくこと、いかなる表象もなく身体にはたらきかけてくる事物からの要請に対して、身体をして応答させることである。(44)

運動を学習すると私に実現できる行為が変わる。行為が変わると知覚が変わる。だから私が知覚している世界は、運動を学習する以前とは様子が違っている。以前と同じ場所に立っているとしても、そこから見える世界の様子、その世界が私の身体に対して要請してくる行為は、以前とは違っている。この箇所でメルロ゠ポンティは、知覚と行為のあいだに表象が入り込む隙間がないような書き方をしているが、運動を学習する過程においてはここに運動イメージが介在する。自動化段階に入って運動イメージが生じる必要がなくなると、知覚されたアフォーダンスに沿ってごく自然に身体が状況のなかでふるまうことができるようになり、表象が介在する必要がなくなるのである。

いずれにしても、運動学習がもたらす変化は、脳‐身体という個体内部だけの変化ではない。生きられた身体に備わる行為の能力の変化であり、脳‐身体‐環境がこれまでと違ったしかたで相互作用できるようになることを意味する。しばしば指摘される通り、「身体化された自己」は、行為することのない「われ思う」ではなく、具体的な行為可能性に裏づけられた「われできる」である。その「できる」を実質的に支えているのが、私たちの身体に備わった運動学習の能力に他ならない。その意味で、運動を学習することは、脳‐身体‐環境のシステムとして実現している「自己」を、より複雑かつ豊かなものにする営みなのである。

注

（1）C・ペルフェッティ、小池美納・宮本省三・沖田一彦（訳）（二〇一二）『身体と精神——ロマンティック・サイエンスとしての認知神経リハビリテーション』協同医書出版社

（2）Merleau-Ponty, M.（1945）. *Phénoménologie de la perception.* Paris, France: Gallimard.

（3）Merleau-Ponty, ibid., p. 108.

（4）Leder, D.（1990）. *The absent body.* Chicago, IL: University of Chicago Press.

（5）Husserl, E.（1952）. *Ideen zu einer reinen Phänomenologie und phänomenologischen Philosophie*（Zweites Buch）. The Hague, Netherlands: Martinus Nijhoff.（p. 159）

（6）Gallagher, S.（2005）. *How the body shapes the mind.* Oxford, UK: Oxford University Press.（chapter 1）

（7）Tanaka, S.（2013）. The notion of embodied knowledge and its range. *Encyclopaideia: Journal of Phenomenology*

and Education, 37, 47–66.
（8）Head, H., & Holmes, G.（1911）. Sensory disturbances from cerebral lesions. *Brain, 34,* 102–254.
（9）Schilder, P.（1923）. *Das Körperschema: Ein Beitrag zur Lehre von Bewusstsein des eigenen Körpers.* Berlin, Germany: Springer.
（10）Merleau-Ponty, op. cit., p. 116.
（11）Meleau-Ponty, ibid., pp. 87–105.
（12）V・ラマチャンドラン&S・ブレイクスリー、山下篤子（訳）（一九九九）『脳のなかの幽霊』角川書店、五二―七二
（13）Merleau-Ponty, op. cit., p. 239.
（14）J・J・ギブソン、古崎敬・古崎愛子・辻敬一郎・村瀬旻（訳）（一九八五）『生態学的視覚論――ヒトの知覚世界を探る』サイエンス社
（15）Schmidt, R. A., Lee, T. D., Carolee, W., Wulf, G., & Zelaznik, H.（2019）. *Motor control and learning*（*6th ed.*）. Champaign, IL: Human Kinetics.（p. 300）
（16）Fitts, P. M.（1964）. Perceptual-motor skill learning. In A. W. Melton（Ed.）, *Categories of human learning.* New York, NY: Academic press. pp. 243–285.
（17）Fitts, P. M., & Posner, M. I.（1967）. *Human performance.* Belmont, CA: Brooks/Cole.
（18）Toni, I., Rushworth, M. F. S., & Passingham, R. E.（2002）. Neural correlates of visuomotor associations. Spatial rules compared with arbitrary rules. *Experimental Brain Research, 141,* 359–369.
（19）Iacoboni, M., & Dapretto, M.（2006）. The mirror neuron system and the consequences of its dysfunction. *Nature Reviews Neuroscience, 7,* 942–951.

(20) Jueptner, M., & Weiller, C. (1998). A review of differences between basal ganglia and cerebellar control of movements as revealed by functional imaging studies. *Brain, 121,* 1437–1449.

(21) 高草木薫(二〇〇九)「大脳基底核による運動の制御」『臨床神経学』四九、三二五—三三四

(22) 伊藤正男(二〇〇七)「小脳研究の展望——過去・現在・未来」『BRAIN MEDICAL』一九、七—一二

(23) Shima, K., & Tanji, J. (1998). Role for cingulate motor area cells in voluntary movement selection based on reward. *Science, 282,* 1335–1338.

(24) Ridderinkhof, K. R., Ullsperger, M., Crone, E. A., & Nieuwenhuis, S. (2004). The role of the medial frontal cortex in cognitive control. *Science, 306,* 443–447.

(25) Krakauer, J. W., & Shadmehr, R. (2006). Consolidation of motor memory. *Trends in Neurosciences, 29,* 58–64.

(26) 今水寛(二〇一二)「内部モデル」『脳科学辞典』(https://bsd.neuroinf.jp/wiki/内部モデル)

(27) Blakemore, S. J., Wolpert, D. M., & Frith, C. D. (2002). Abnormalities in the awareness of action. *Trends in Cognitive Sciences, 6,* 237–242.

(28) Gelb, A., & Goldstein, K. (1920). *Psychogische Analysen hirnpathologischer Fälle.* Leibzig, Germany: Verlag von Johann Ambrosius Barth. (pp. 157–250)

(29) 大橋博司(一九六〇)『失語・失行・失認』医学書院、二二二—二三一

(30) Frisch, S. (2015). Die Suche der Neuropsychologie nach sich selbst. *Neurologie & Rehabilitation, 21,* 317–326.

(31) Gelb & Goldstein, op. cit., p. 220.

(32) 田中彰吾・小河原慶太(二〇一〇)「身体知の形成——ボールジャグリング学習過程の分析」『人体科学』一九、六九—八二

(33) Cole, J., & Paillard, J. (1995). Living without touch and peripheral information about body position and move-

ment: Studies upon deafferented subjects. In J. L. Bermúdez, A. Marcel, & N. Eilan (Eds.), *The body and the self.* MIT Press. pp. 245–266.

(34) Gallagher, S., & Cole, J. (1995). Body schema and body image in a deafferented subject. *Journal of Mind and Behavior, 16,* 369–390.

(35) Gallagher & Cole, ibid.

(36) Gallagher, op. cit., p. 25.

(37) 田中彰吾（二〇一一）「身体イメージの哲学」『臨床神経科学』二九、八六八―八七一

(38) Merleau-Ponty, op. cit., p. 158.

(39) 金子明友（二〇〇五）『身体知の形成（下）』明和出版、二五

(40) Hétu, S., Grégoire, M., Saimpont, A., Coll, M. P., Eugène, F., Michon, P. E., & Jackson, P. L. (2013). The neural network of motor imagery: An ALE meta-analysis. *Neuroscience and Biobehavioral Reviews, 37,* 930–949.

(41) Dana, A., & Gozalzadeh, E. (2017). Internal and external imagery effects on tennis skills among novices. *Perceptual and Motor Skills, 124,* 1022–1043.

(42) 田中彰吾（二〇一三）「運動学習におけるコツと身体図式の機能」『バイオメカニズム学会誌』三七、二〇五―二一〇

(43) Merleau-Ponty, op. cit., p. 167.

(44) Merleau-Ponty, ibid., p. 161.

第2章　脱身体化される自己

1　身体の外に私がいる

トン、トン、トン、トン……。胸の上をロッドで軽くつつかれる。だが、つつかれている私はどこにいるのだろう。自分がどこにいるのかよくわからない感じに襲われる。もちろん、トントンとつつかれている場所にいるのではある。だが、その場所を自覚しようとすると――これを特定したくてこの実験をみずから試しているにもかかわらず――よくわからない。胸の上に刺激を感じている。ただ、それはいつも感じるような触覚とはずいぶん違っている。触れられているのに触れられていない、言葉にすると矛盾した言い方にしかならないが、そんな感じなのである。

私は、先ほどからヘッドマウントディスプレイを装着した状態で、眼前へと迫ってくるロッドの動きを見ている（六〇ページ図3参照）。ロッドをじっと見ていると、自分がどこにいるのかよくわからない感じになってしまう。ディスプレイの前方には私の背中のリアルタイム映像が映し出されている。というのも、私の後方一・五メートルにカメラが設置されているからだ。見えているものに忠実に表現するなら、私はどうもカメラ位置にいるような感じがする。ただ、ロッドでつつかれている胸の感じも残っているし、イスに座っているせいで座面にお尻が触れている感じも多少はある。だから、触れているものに忠実になると、座っているその場所にいるとしか言いようがない。ただ難しいのは、言葉にできることが経験のすべてではなく、全身で進行している経験はこれよりずっとあいまいで、もやっとしていることだった。それは、夢を見ているときの体感を言葉にしづらいのにも近かった。

これは、体外離脱錯覚（out-of-body illusion）と呼ばれる実験を著者みずから経験したときの様子を記述したものである。この実験は、スウェーデン・カロリンスカ研究所のヘンリック・アーソンが実施したもので、二〇〇七年に『Science』誌上に最初の報告が掲載された[1]。「身体の外部に自己がいる」と感じる錯覚なので「体外離脱錯覚」と呼ばれるが、著者は本当にそうした経験が起こりうるのか、この実験を知ったときから疑問に思っていた。というのも、そのようなことが可能だとすると、身体から分離された状態の「私」、言い換えると「脱身体化された自己（disembodied self）」が実現することになるからだ。アニメーションや映画のなかには、自己を構成する記憶情報を身体から分離してヒューマノイド上に移植するような設定がときどき見られるが、それはあくまでフィクションの世界での話である。現実の世界では、身体は自己が成立するためにそもそも必要な条件であって、これを消去すると自己もまた消滅してしまうだろう（詳細は別の拙著に譲る）[2]。

とはいえ、身体を消去しても自己が残るかどうかということと、体外離脱の錯覚が生じることとはさしあたり区別して考えねばならない。体外離脱体験は、「身体化された自己」のひとつの極端なヴァリエーションとして理解できるのだろうか。あるいは、「身体化された自己」という枠組みそのものに対する反証例として考える必要があるのだろうか。いずれにしても、身体性と自己の関係にとって重大な意義を持つ経験であることは確かなようだ。こうした問題意識があって、著者も自分自身で錯覚経験を試してみたのである。

なお、アーソンの実験とは別に、『Science』の同じ号には、体外離脱的な要素を含む、別の手順にもとづく錯覚実験が報告されている[3]。こちらは、スイスのオラフ・ブランケたちの研究チームが発表したもので、後にフルボディ錯覚（full-body illusion）と呼ばれることになる。以下、この章では、これら二つの錯覚をまとめて「全身錯覚（whole body illusion）」と呼称する。全身錯覚で生じているのはどのような経験なのか、関連する実験や、実験手順まで、細部に立ち入って考察する。

2 ラバーハンド錯覚

全身錯覚について本格的に考える前に、これらの実験の出発点になっているラバーハンド錯覚について再考しておこう。多くの読者にとっては既知の現象かもしれないが、わかったつもりになることを避けるため、最初の論文にさかのぼって実験手続きと錯覚内容について確認しておく。(4) 実験参加者はテーブルの上に左腕を置いた状態で座る（図1では右腕になっているがオリジナルの実験では左腕である）。左腕より体幹に近い位置にそれと同じサイズのゴムの手を並べ、両者のあいだをスクリーンで遮蔽し、参加者本人にはゴムの手しか見えない状態にする。参加者にゴムの手に視線を集中させるよう求め、この状態で向かいにいる実験者が本物の左手とゴムの手をできるだけ同じタイミングで筆を使ってなでていくと、参加者はゴムの手の上に触覚を感じる。刺激のタイミングをずらすと、この錯覚はきわめて生じにくくなる。

同期条件での刺激を一〇分間繰り返した後で質問紙への回答を求めたところ、次の三項目で参加者の主観的な錯覚経験が顕著だった。（a）私がゴムの手を見ているその位置に、筆の接触を感じているかのようだった。（b）私が感じた触覚は、ゴムの手に触れている筆によって引き起こされたかのようだった。（c）ゴムの手が自分の手であるかのように感じられた。最後の（c）については、自由記述の回答を通じて一〇人中八人の参加者が進んで「所有（ownership）」の感覚に言及していたこと

図1　ラバーハンド錯覚（Moguillansky, C. V., O'Regan, J. K., & Petitmengin, C. (2013). Exploring the subjective experience of the "rubber hand" illusion. *Frontiers in Human Neuroscience,* 7. doi: 10.3389/fnhum.2013.00659.）

も合わせて報告されている。以上の錯覚の経験内容は、次の二点に整理することができる。①触覚の位置の錯覚：筆でなでられている感覚は、本物の手のある位置というよりは、ゴムの手の置かれている位置で生じているように感じられる。②所有感の錯覚：ゴムの手があたかも自分のものであるかのように感じられる。ここで、それぞれの経験の意味について考察してみよう。

第一に、触覚の位置についてである。実験状況を離れて考えると、もともと、触覚の位置を認知するうえで視覚は必要ではない。たとえば、背中がかゆい場合、かゆいと感じられる部位は目で見ることはできないが、きわめて正確にその位置を特定することができる。孫の手を使って背中をかく場合などがこれに該当する。

このような触覚の定位は、第1章で論じた身体図式と身体イメージの機能によって可能になっている[5][6][7]。前章では運動と行為において身体が背景化している場面を中心として身体図式を論じたが、ここでは逆の場面に注目している。つまり、触覚を定位する場面では、身体そのものが知覚対象として前景化して経験され、身体に加えられた刺激は体表面の特定の部位に局所化される。これは身体図式にも身体イメージにも関連する現象である。自己身体を明示的に意識しなくても触覚刺激は定位できるという意味では（たとえばかゆい場所に自然に手が伸びる場合）、これは身体図式のレベルの現象である。他方、痛みの生じている部位を正確に感じ分けるような場合、自己身体は明示的な知覚対象として経験されており、明瞭な視覚的イメージはともなわないものの、身体イメージのレベルの現象である。

触覚の定位は一次体性感覚野に多くを負っていると見られているが、現象学的に見て重要な点は、体表面上に与えられた触覚刺激の空間的な位置は、つねに主観的に経験される「ここ」として定位されるということにある。一般に、主観的に経験される触覚は、全身のどこで生じても「ここ」という空間的意味を持つ近感覚として経験されるが、その「ここ」は、全身の他の部位を背景とする図として浮かび上がるようなしかたで特定される。つまり、触覚的な図と地のゲシュタルトとして体表面は構造化されているのである。触刺激が与えられている空間的位置を「他の場所ではないここ」として特定するうえで視覚は必要とはされない。

この点を踏まえて考えると、あるいは従来から指摘されてきた「多感覚統合」という観点から考えても、[8]ラバーハンド錯覚の経験のひとつの焦点は、視覚優位なしかたで触覚空間が再編される点にある。視覚はいわゆる遠感覚であり、視覚的対象は、主観的な経験としては私から離れた「そこ」に定位される。目を閉じて指先で物体に触れると、触れている対象は「ここ」に定位されるが、目を開いて同じ物体を知覚すると、その物体は「そこ」に存在しているように見える。実験状況での参加者は、目の前に置かれたゴムの手が筆でなでられるのを見ている。このとき、刺激は視覚を通じて「そこ」に定位されている。先に「触覚の位置の錯覚」として記述したことは、より丁寧に言うと、視覚的に現れている「そこ」が、触覚的に感じられる「ここ」としても本人には経験されるということである。筆でなでられているのは「そこ」であると同時に「ここ」である。

第二に、所有感の錯覚と関連することだが、「ここ」として経験される空間は自己の身体と切り離せない関係にあることに注意しておこう。自己の身体は、他者の身体や物体一般と違って、固有感覚や内受容感覚を通じて、漠然としたボリューム感とともに「ここ」に広がるものとして経験され、その広がりは必ずしも皮膚の内部だけに限定されていない[9]。また、身体を通じて主観的に経験される「ここ」という空間は、デカルト的座標系のような客観的空間の一点に収束することもない。つねに、内側から感じられる一定の広がりを備えている。加えて、身体行為を通じて経験される主観的な「ここ」は、私が別の場所に向かって動くたびに帯同し、さっきまで「そこ」だった場所を「ここ」に変化させる。触覚を通じて現れる「ここ」という空間性は、固有感覚や内受容感覚、さらには運動感覚とも連動する自己身体の特徴であって、私はつねに、知覚や行為における方向定位の原点としてそれを経験している。私はどんなときも必ず「ここ」から知覚し、「ここ」から行為するが、その「ここ」はそれ以外のどこかと置き換えがきかない。その意味で、自己身体のある「ここ」は、そこから空間が開けるような絶対的なここである[10]（詳しくは第3章5節を参照）。

それと同時に、先に見た通り、自己身体の表面は身体図式と身体イメージを通じてマッピングされている。体表面は主観的にはすべて「ここ」という性質を帯びて経験されるものでありながら、どこかに触覚刺激が与えられると、他の部位とは区別された「他の場所ではないここ」として局所化して感じられる。この点で、主観的に経験される身体内部の空間は独特のしかたで構造化されている。閉眼して固有感覚に沿って経験すると、身体内部は、一種の遠近感はあるものの漠然とした広がりをともなう「ここ」として経験される。しかし足先に触れられたり胸元に触れられたりすると、「点」のように限定された「ここ」という性質とともに感じられる。つまり、私が触覚的に「ここ」を局所化された一点として特定するときは、その背景において全身の空間的広がりが暗黙に経験されているのである。私たちの身体は、広がりとして経験される「ここ」を、触覚を通じて点としての「ここ」に変換する能力を備えている（この能力が身体図式と身体イメージのどちらに帰属するかは、本書の議論の範囲を超えているのでここでは立ち入らない）。

ラバーハンド錯覚で生じる所有感の錯覚は、以上の点と深く関係していると思われる。視覚優位なしかたで触覚空間が再編されると、視覚的に「そこ」に見えていたゴムの手が、触覚的に「ここ」に感じられる。そのとき、ゴムの手において経験される「ここ」は、自己の身体全般に向かって内側から感じられる一定の広がりとしての「ここ」という空間性へと組み込まれているだろう（固有感覚と連動する触覚の空間に組み入れられる）。そのため、ゴムの手は「自己の身体」の一部として経験されるのである。所有感の錯覚は、触覚の位置の錯覚と本質的に結びついていると考えられる。

以上の考察を踏まえて、従来の議論につけ加えておくべき論点がある。そもそも、ラバーハンド錯覚は知覚的経験として生じているものであり、高階の認知的経験として生じているのではない。ゴムの手を自分の手と思い込むような「信念」のレベルでの経験ではないということである。むしろ、信念としてはゴムの手が自分の手ではないことを十分に承知しているからこそ、ラバーハンド錯覚は本人にとって不思議な経験に感じられる。もちろん、ある種の信念の持ち主のほうがラバーハンド錯覚を経験しやすいといった傾向はあるかもしれないが、それはこの錯覚がもともと知覚的であることとは無関係である。

また、錯覚の最中、参加者は本物の手の位置がゴムの手の位置にたんに移動したように感じているとは言い難い。この点は、錯覚を量的に示す指標として以前から測定されてきたが（錯覚を経験させた後で本物の手の位置を確認させるとラバーハンド側にずれた位置を答える傾向があり、「ドリフト」と呼ばれる）、この解釈は、ラバーハンド錯覚で生じていることをとらえ損ねている。実験参加者は、筆でなでられているゴムの手に「ここ」を感じているが、そのさい主観的に経験される「ここ」は、身体全体を潜在的に参照しつつ定位されているからである。そのような「ここ」の経験は、「私の身体全体の広がりにおけるここ」という暗黙のボリューム感を背景としている。本物の手とゴムの手の両方を含む領域が、広く「ここ」として漠然とした感覚とともに経験されていると思われる。明示的な反省を通じて特定される「ここ」は一点に収束するが、暗黙の空間的広がりとしての「ここ」が同時に経験されており、両者は「図」と「地」のゲシュタルト的構造を備えているだろうということである。奇妙な言い方だが、錯覚の最中、手は本物の手の位置からゴムの手の位置まで、確率的に分布しているような状態にあるように思われる。観測以前の素粒子は位置が定まらず、波として確率的に分布しているようなものである。

3　全身錯覚

では、全身錯覚の検討に話を進めよう。ラバーハンド錯覚との連続性を考慮して、ブランケらの研究チームが実施した実験を先に取り上げる。

（1）フルボディ錯覚

図2に見られるように、実験参加者はヘッドマウントディスプレイを装着し、実験室内の特定の位置に立ち、二メートル前方に映し出された自分の背中を見る。映像中の背中はロッドでなでられているが、それと同じタイミングで本物の背中の同じ部位が実験者によってロッドで刺激される。なお、映像は実験に先行して図中のビデオカメラの位置から録画されたものである。ラバーハンド錯覚では錯覚経験が手に限定されていたのに対して、ここでは錯覚が全身を対象としているため「フルボディ錯覚（full-body illusion）」と後に名づけられた。[11]

参加者には一分間継続して刺激が与えられ、映像との同期条件と非同期条件で錯覚が比較された。

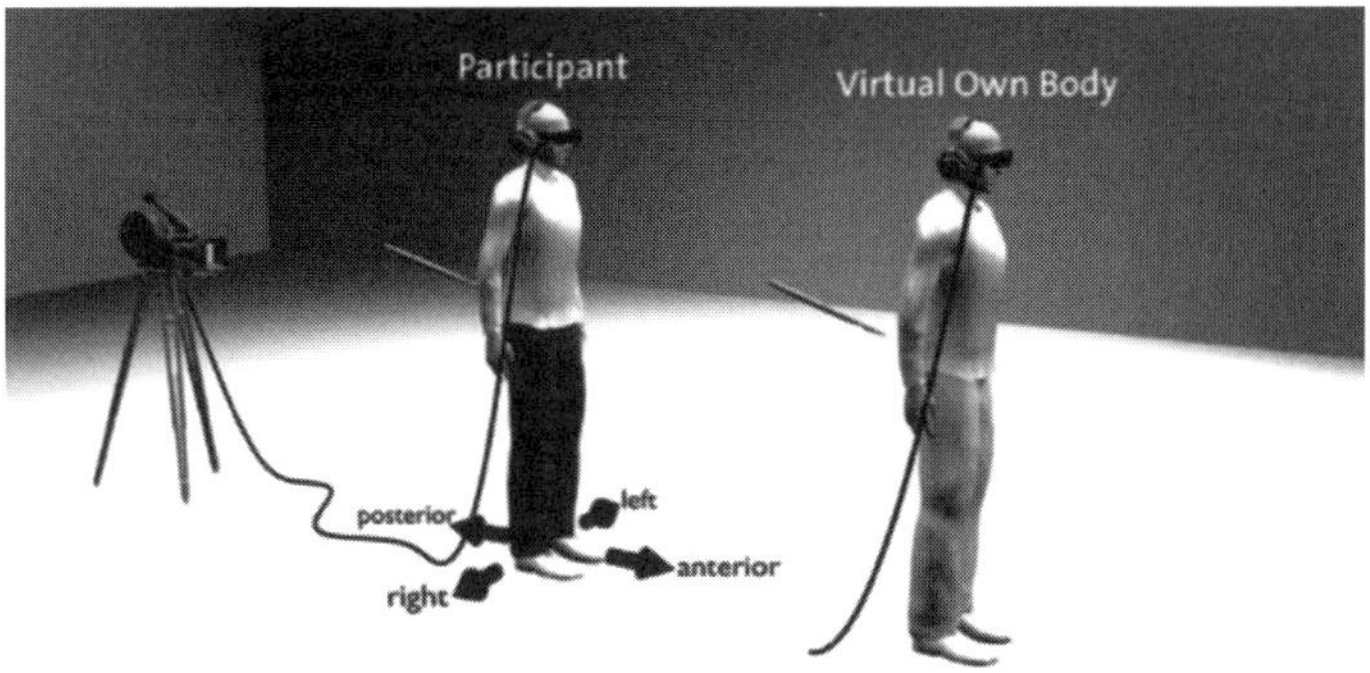

図2　フルボディ錯覚（Lenggenhager, B., Tadi, T., Metzinger, T., & Blanke, O.（2007）. Video ergo sum: Manipulating bodily self-consciousness. *Science, 317,* 1097.）

実験終了直後に、目隠しをした状態で錯覚経験中の自己位置に移動するよう求めたところ、同期条件では前方に向かって有意に大きく移動する結果が得られた。平均して二四・一±九・〇センチメートル、実験位置から前方へのドリフトが観察された。

論文中で指摘されている通り、この実験は、側頭頭頂接合部の病変によって引き起こされ、身体外部の視点から自己の身体を目撃する「体外離脱体験（out-of-body experience）」[12]を参考にしてデザインされた。言い換えると、ラバーハンド錯覚の原理を全身に拡大して、ディスプレイ中に表示される身体像に自己を同一化させることで、自己位置感を身体の外部に誘導することを企図するものだった。本物の手と同期して触れられているゴムの手が「自己の手」として感じられるのなら、本物の身体と同期して触れられている全身像は「自己の身体」として感じられるだろうし、結果として主観的に経験される自己位置が前方にずれるだろう、との見通しのもとで実施された実験だったということである。

では、実際にはどうなのだろうか。実験が誘発する錯覚経験の内容について、同論文では以下のように主張されている。

自己身体の外部の位置に向かっての錯覚的な自己局所化が示しているのは、身体的自己意識および自己性が、自己の物理的身体の位置から分離されうるということである。[13]

われわれが見出したのは、多感覚コンフリクトを通じて、実験参加者は、自分の前方に見える仮想身体が自分自身の身体であるかのように感じること、また、自己身体の境界の外部の位置、仮想身体に向かって自己自身を誤って局所化するということである。[14]

正確さを期して補足しておくと、著者らは、この実験状況で経験されるのが体外離脱であるとは主張していない。神経系の病理によって誘発される本来の体外離脱体験では、身体外部に離脱した視点から自己身体を見る経験が生じるが、この錯覚では、自己位置感がディスプレイ上に映し出された仮想身体の側にずれることで、自己身体を後ろから見ているかのような経験が誘発される。これは、厳密には「自己像幻視（heautoscopy）」の経験に近いという。体外離脱体験では、身体の外部に自己位置と視覚的パースペクティヴが離脱してそこから身体を見る経験が生じるが、自己像幻視では離脱が不完全で、自己位置感と視覚的パースペクティヴが、それぞれ物理的身体の側にあったり仮想身体の側にあったりするからである。[15]

ただし、いずれにしても、錯覚の経験について次のような解釈がなされていることはここで確認しておきたい。①主観的に「私がいる」と感じられる位置（自己位置感）は、自己身体ではなくディスプレイ上に映し出された全身像の位置に転移する、②視覚的パースペクティヴのみが物理的身体のある位置に残る。

以上のような解釈にもとづいて、ブランケは哲学者のトーマス・メッツィンガーと共同で「最小の現象的自己性（minimal phenomenal selfhood, MPS）」という概念を提示している。[16] MPSは「自己」という主観的経験を生じさせる最低限の条件のことで、彼らはMPSを定義する特徴として次の三つ、すなわち、（a）広範な形態での全身への同一化、（b）時空間的な自己位置、（c）一人称視点、をあげている。わかりやすく言うと、それぞれ、（a）物理的身体であれ仮想身体であれ、「私の身体」と感じられるような同一化が全身について生じること、（b）「私が存在する」と感じられるような「いま」と「ここ」、（c）そこから知覚的世界が広がる起点となるパースペクティヴ、である。彼らが着目しているのは、ラバーハンド錯覚のように、特定の身体部位にどれほど強い所有感が発生してもそれが自己を構成することはないが、全身の身体像への同一化が生じるとき、それは最小の自己感と連動する可能性があるということである。

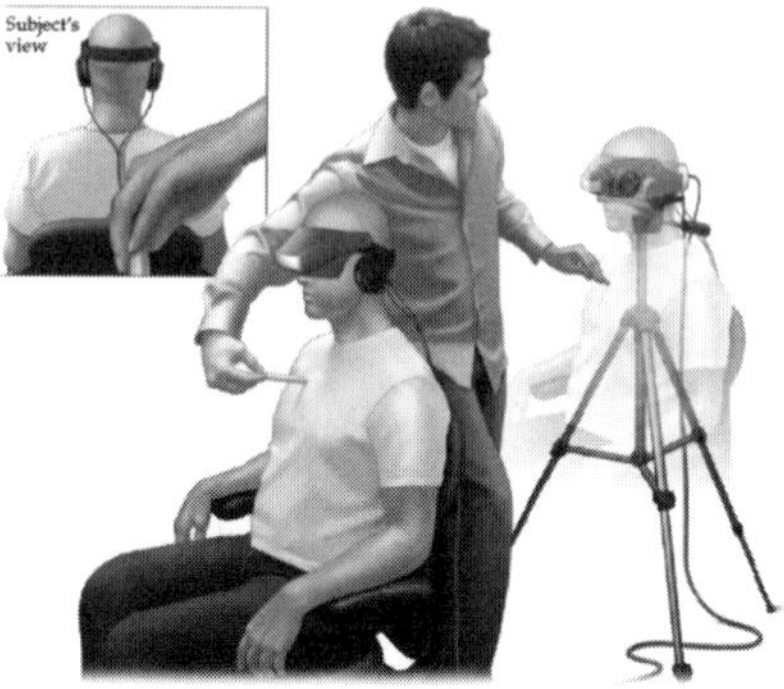

図3　体外離脱錯覚（Wolfe, J. M., Kluender, K. R., Levi, D. M., & Bartoshuk, L. M.（2015）. *Sensation & perception,* 4th ed., Sunderland, MA: Sinauer.）

（2）体外離脱錯覚

冒頭で見た通り、アーソンは、フルボディ錯覚とは異なる実験手続きによって、類似する錯覚を引き起こした実験を報告している。[17] 両者はその意義が専門家のあいだでさえしばしば混同されているように見受けられるので、ここで実験手続きの違いも含めて確認しておく。

手続きは次の通りである。参加者は、図3のようにイスに座った状態で、二メートル後方に設置されたカメラで撮影されている。撮影された映像は、参加者の装着したヘッドマウントディスプレイにリアルタイムで映し出される（したがって参加者は自分自身の背中を前方に見ている）。この状態で、実験者がロッドで胸部に触れ、視覚的にそれに対応する位置（カメラの少し下）も同時にロッドで刺激する。刺激は二分間継続して与えられる。

錯覚が生じると、参加者は、カメラ位置から自分の背中を見ているように感じるだけでなく、カメラ位置でロッドに触れられているかのように感じる。そして、自己が身体の外部にいるかのような錯覚を経験する。アーソンは、この実験を通じて経験される錯覚について次のように記述している。

私が報告するのはひとつの知覚的錯覚であり、その錯覚においては、個人の意識の中心または「自己」が物理的身体の外部に位置し、他人のパースペクティヴから自己の身体を見る。(18)

この実験では、カメラによって与えられる視覚的パースペクティヴの位置に、空間的に整合性のあるしかたで仮想の触覚刺激が与えられることで、あたかもカメラ位置で触覚が生じているかのような錯覚が生じる。また、それによって、「私がいる」と感じられる位置の感覚がカメラ位置に転移して経験されるということである。それを示す事実として、カメラ下部に広がる「幻の胸」の位置をハンマーで殴る刺激を加えたところ、錯覚が生じやすい同期条件と、錯覚が生じにくい非同期条件では、皮膚コンダクタンス反応に有意な違いが見られた。つまり、錯覚が生じている状態では、ハンマーは「自己」に対するより強い脅威を引き起こしているのである。

先に見た通り、ブランケらの実験では、主観的な自己位置感がディスプレイ中の仮想身体に転移するものの、視覚的パースペクティヴは自己身体の側に残るとされており、両者は空間的に不一致である。一方、アーソンの実験では、主観的な自己位置感と視覚的パースペクティヴはともにカメラのある後方に転移しており、空間的に一致して経験される。この実験結果から、アーソンは、視覚的パースペクティヴを身体外部に移し、そこに視覚以外の刺激を整合的なしかたで与えることで、自己位置を身体外部に転移できる、と解釈している。彼の主張はブランケらの主張よりも強い――「この錯覚が立証しているのは、物理的身体の内部に局所化されているという感覚は知覚過程によって、すなわち、身体への多感覚的刺激と連結した視覚的パースペクティヴによって、完全に決定しうるということである」[19]。また、こうした特徴から、この実験は体外離脱体験を引き起こした、とも同論文では主張されている。

4　全身錯覚の意義

以上の通り、二つの異なる手続きで実施されている全身錯覚を検討してきた。ここで確認しておきたいのは、どちらの実験においても、視覚と触覚を通じて刺激が与えられ、ラバーハンド錯覚と同様に両者が視覚優位なしかたで統合されることによって、全身での錯覚が引き起こされている、という点である。

見方を変えて言うと、フルボディ錯覚を引き起こすには、ラバーハンド錯覚と同様に体表面上に触覚刺激を加える必要があるということである。ところが、2節ですでに論じた通り、触覚は体表面のどこで生じても「ここ」という空間的意味とともに経験され、その他の身体部位を背景として浮かび上がる「他の場所ではないここ」として局所化される（触覚的な図と地のゲシュタルト）。ラバーハンド錯覚ではそれが「左手」で生じており、全身錯覚では「背中」や「胸」で生じている。問題は、こうした局所化の過程が、身体図式を通じて体表面全体を参照しつつ暗黙のうちに生じているとすると、錯覚が発生しているあいだもその過程は同様に生じているだろうということである。この点について、二つの実験それぞれに沿って考えてみよう。

ブランケの実験（図2）では、錯覚が生じている最中、触覚的な「ここ」は、仮想身体上の視覚的な「そこ」に統合されているが、自己身体に加わる刺激が消えるわけではない。したがって、錯覚のあいだも、触覚を通じて主観的に「ここ」として経験される位置は、仮想身体の背中だけではなく、自己身体の背中にも潜在的には残り続ける。すでに述べた通り、「ここ」として感じられる空間性は、主観的に経験される自己の身体とは切り離せない関係にある。言い換えると、「私がいる」と感じられる位置感覚はつねに、自己身体が経験される「ここ」という空間性と結合しているということである。もちろん一方で、この実験では、視覚優位の統合によって、ディスプレイ上に映し出される仮想身体のうえで触れられているように参加者は感じ、かつ、その仮想身体が「自己の身体」であるかのように感じるだろう。ただし、「ここ」として経験される位置は、仮想身体上だけでなく、触覚と固有感覚にともなう潜在的な空間性を通じて自己身体の側にも残存し続ける。そうだとすると、この錯覚では、従来そう解釈されてきたように、自己位置感が自己身体から仮想身体へといわば「乗り移る」ような事態が生じているわけではなく、二つの身体に自己位置感が生じていると考えるほうが適切である。この錯覚を経験しているあいだ、「私」は、自己身体上で感じられる触覚的な「ここ」と、仮想身体上で錯覚的に感じられる「ここ」のどちら側にも存在するのである。

なお、フルボディ錯覚においても錯覚量を示す指標としてドリフトが測定されているが、これは決して自己身体の側から自己が消失したことを客観的に示す指標にはならない（自己が消失した自己身体という表現じたいも矛盾ではある）。もともと「自己の身体」は固有感覚や内受容感覚を通じて漠然としたボリューム感とともに「ここ」に広がるものとして経験されており、客観的空間中の一点に局所化できない。実験参加者は、自己身体が立脚している地点において「ここ」という広がりを暗に感じつつ、それと類似する感覚を仮想身体が見える位置（視覚優位に統合された錯覚的な「ここ」）においても感じていると思われる。そして、錯覚が強くなるほど、仮想身体の側で生じる「ここ」という自己位置感が相対的に強まるのだろう。なお、フルボディ錯覚の最中には体温が下がることが知られているが[20]、これは、自己位置感が仮想身体へと離脱することを示す決定的な指標ではない。仮想身体の側で自己位置感が相対的に強まった状態にあり、そのことを反映して自己身体の体温が下がる、とする解釈をとっても十分に説明できる。

アーソンの体外離脱錯覚では（図3）、視覚的光景がそこから広がる視覚的パースペクティヴとしての「ここ」に、空間的に整合性のある擬似的な触覚刺激を与えることで「ここ」という感じを強化し、「私がここにいる」という自己位置感覚をカメラ位置へと局所化することに成功している。しかしこの場合も、自己身体上に触覚刺激が繰り返し与えられていることを忘れるべきではない。実験参加者は、カメラ位置で「ここ」を感じているだけでなく、ロッドでつつかれる刺激を胸のうえで感じ続けている。加えて、ラバーハンド錯覚では腕が机に触れている感じが潜在的に残ることをカミラ・モグイランスキーらが被験者へのインタビューを通じて明らかにしている[21]。それと同様に、ここでも、実験は座った状態で行われており、臀部と大腿部を中心として実験参加者はイスの座面に触れている。したがって、参加者は、自己身体に加えられる触覚刺激を受け取りながら、触覚的に定位される「ここ」を全身との関係において暗黙のうちに感じ続けているであろう。この場合も、自己身体の位置とカメラ位置との双方において、主観的に感じられる「ここ」を参加者は経験していると考えられる。

錯覚が生じると、ハンマーで殴る刺激に参加者は情動的に強く反応するが、これは、カメラ位置に仮想身体が成立している可能性を示唆している。図3はアーソンとは別の著者による作図を引用したものだが、図中でもカメラ位置で経験される仮想身体を示唆する半透明の身体が描きこまれている。ブランケらの実験と違って、アーソンの実験では視覚的対象に向かって自己位置を転移させる手順が取られていない。視覚的パースペクティヴをカメラ位置にずらす操作が行われているだけなのだが、パースペクティヴに整合的な触覚を与えることで、空間的な広がりの感覚をともなう仮想身体が成立しているように思われる。ただし、ハンマーで殴る刺激への情動反応は、自己位置感がカメラ位置のみに局所化していることを示す指標とは言えない。自己身体の側に減弱した微細な自己位置感が残っているとしても、このような情動反応は十分に生じうる。つまり、この場合も、自己身体と仮想身体の双方において自己位置感が生じているが、仮想身体の側でそれが相対的に強まった状態にあると考えられるのである。

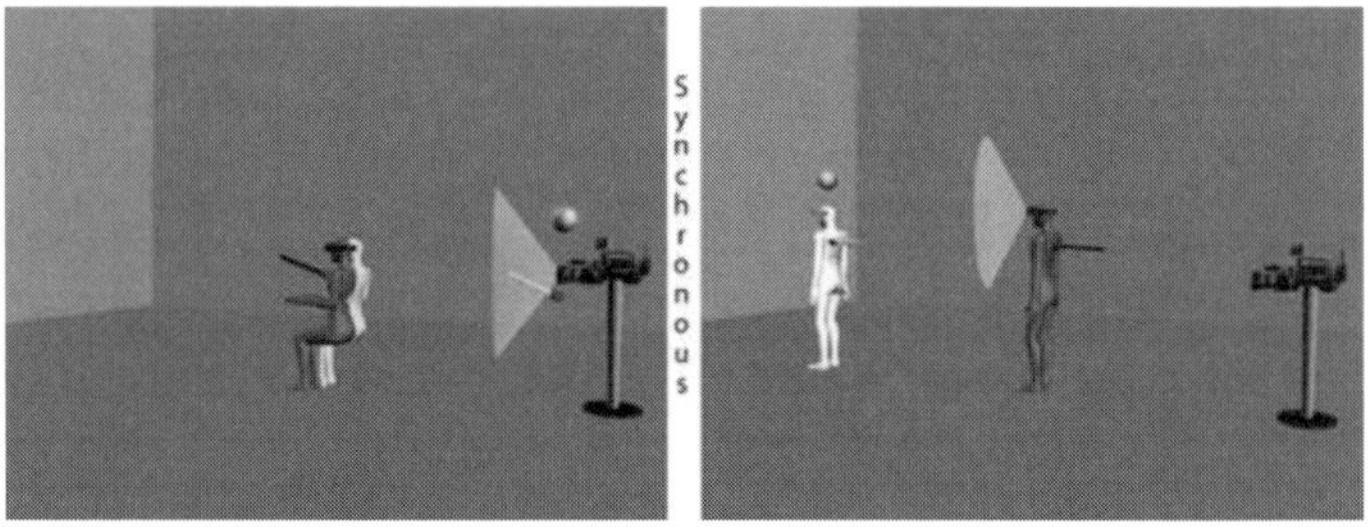

図4　全身錯覚の実験手順の比較（Blanke, O., Metzinger, T., & Lenggenhager, B.（2008）. Olaf Blanke et al.'s Response to Kaspar Meyer's E-Letter.（https://infoscience.epfl.ch/record/154869/files/E-letters_responses.pdf））

以上を踏まえたうえで、図4を見て欲しい。これは、ブランケが二つの実験を比較して図示したものである。[22] 両者の実験には、その手順において比較できる四つのキューがある。（a）身体の視覚表象（白い身体）、（b）視覚的パースペクティヴ（円錐）、（c）触覚刺激の見え（白いスティック）、（d）触覚刺激（黒いスティック）、である。結果として引き起こされる自己位置感（図の灰色の球）は、アーソンの実験（左）では後方のカメラ位置に、ブランケらの実験（右）では前方の仮想身体の位置で強められる。ただし、現実の触覚刺激と連動して与えられる触覚刺激の見え（白いスティック）の位置で自己位置感が生じていることは共通している。つまり、擬似的な触覚刺激を注視しているうちに、視覚優位の多感覚統合が生じる結果として、自己位置が自己身体の外部に部分的に転移するという事態が生じるのである。

両者の実験が引き起こす錯覚内容の違いについて、専門家のあいだでも、必ずしもいまだ評価は定まっていない。ただ、この図からも漠然と推察されるかもしれないが、これら二つの実験において生じる錯覚の経験は、参加者の主観的経験に寄り添ってみると、やや異なっている。著者の研究室では、六名の参加者を対象に、錯覚経験をみずから言葉で描写してもらうインタビュー調査を実施したが、二つの実験が引き起こす錯覚には質的な違いがあるように思われた。たとえば、ブランケらのフルボディ錯覚では、「前にあるのも自分の身体、こっちも自分の身体」（二一歳男性）、「そこ［仮想身体］にのめり込んで触れられている感じ」（二三歳女性）といった発言が聞かれた。つまり、ラバーハンド錯覚を全身に拡大する手続きを反映して、ディスプレイに表示される仮想身体の所有感が強化されているようなのである。したがって、ここで生じる自己位置感の錯覚も「私の身体がここにある」と表現できるような、所有感を中心とするものであると思われる。他方、視覚的パースペクティヴを身体外部で再構成するアーソンの実験では、「後ろから自分に似た人を見ているような感じ」（二一歳男性）、「見ている場所がいつもと違っていて、それにものすごく引きずられる」（一九歳女性）といった発言が聞かれた。これらは、所有感の錯覚を示唆するものではない。むしろ、「私はここから見ている」と表現できるような、視覚的パースペクティヴを中心とする位置感であると思われる。自己位置感そのものは、身体所有感とも、視覚的パースペクティヴとも連動しうる性質を持っているようであった。

　なお、この調査を実施してわかったこととして、ここに付記しておきたいことがある。それは、そもそもどのような錯覚が起きているのかピンとこない、変わった経験が起きていることはわかるもののそれを「体外離脱」という言葉で表現できるような気はしない、といった発言も聞き取れたということである。全身錯覚には、もともとラバーハンド錯覚ほどの頑健な再現性はないということであろう。

5　身体化された自己の拡張性

要約すると、本書が提示する全身錯覚の解釈は次の通りである。どちらの全身錯覚も、自己身体の外部に自己位置感が乗り移るかのように離脱することを示すものではなく、自己身体の内部と外部（仮想身体またはカメラ視点）に位置感が同時に存在し、後者における自己位置感が相対的に強まった状態にあることを示すものである。

全身錯覚の従来の研究では、錯覚を通じてあたかも自己を身体の外部に移行できるかのような解釈がなされてきた。3節でも述べたように、ブランケとメッツィンガーは「最小の現象的自己性」の概念を提示し、これをVRと連動させたさまざまな実験を通じて身体の外部に実現することを試みている。まさに、自己と身体を切り離しうるという解釈にもとづいた技術的応用が構想されているのである。ここには、自己と身体を別々の実体として区別するデカルト的な心身二元論[23]の潜在的な影響を見て取ることができる。自己は「魂」のように身体を離れて浮遊しうる存在であって、それが「乗り移る」ことのできる仮想身体を与えれば、身体の外部に実現できると想定されているからだ。自己を実装する仮想身体が必要とされている点においてのみ、議論が一歩だけ身体化した方向へと傾いているにすぎない。

現状の全身錯覚の結果は、決してこのような解釈を支持してはいない。私たちが考えておかねばならないことは、むしろ、通常は身体内部を中心とする「ここ」という漠然とした広がりとして主観的に経験されている自己位置感（sense of self-location）が、全身錯覚を通じて自己身体と仮想身体に分離して拡張しうるということである。とくに、二つの実験を比較して判明したのは、身体の所有感（sense of ownership）と一人称視点（first-person perspective）を分離しうること、また、身体所有感と一人称視点のそれぞれに自己位置感が付随するということである。

実験の再検討から導かれるこのような解釈は、他方で、従来の哲学的な自己意識論に対して再考を促すものでもある。身体性に関連する認知神経科学の知見を整理するさい、これまでの研究でしばしば言及されてきたのはショーン・ギャラガーのミニマル・セルフ論だった。[24] ミニマル・セルフとは、過去の記憶や将来の展望といった、時間的に拡張した次元を考慮しなくても、最小限の自己性として考えられるような自己のことである。ギャラガー自身は、これが「所有感（sense of ownership）」と「主体感（sense of agency）」という二つの要因に区別できることを指摘している。両者とも、あらゆる主観的経験にともなう前反省的な気づき（pre-reflective awareness）のことを指しており、所有感は、ある経験をしているのが私であるという感じ、主体感は、ある行為や思考を引き起こしているのが私であるという感じを意味する（詳細は第6章を参照）。あらゆる主観的経験は、「これは私の経験である」という暗黙の所有感をともなっているが、このうち、私が主体として引き起こしている感じを主体感として区別するという理論的整理になっている。

ラバーハンド錯覚は、身体経験に焦点を当てて所有感を解明する強力な実験パラダイムであり続けてきた（ちなみに、主体感の解明に利用されてきた実験パラダイムはインテンショナル・バインディングである）[25]。しかし、全身錯覚は、身体経験における所有感と一人称視点の分離可能性を示唆している。ここで求められているのは、実験パラダイムの創出を視野に入れつつ、従来の所有感および主体感とは区別されるものとして、一人称視点を適切に概念化する作業であろう。

この点に関連しそうな議論をひとつあげておこう。哲学者のマリー・ギュイヨは、意識経験の主観的性質を「mineness」「me-ness」「for-me-ness」という三つの側面に区別している[26]。mineness は文字通り訳すと「私のものということ」の意味になるが、これはおおよそ所有感に対応する。あらゆる意識経験が「私の経験」として生じているということについての気づきを指している。また、me-ness は「私が経験している」という事実に私自身が気づいていることを指しており、先の主体感の議論に対応する概念と考えてよい。ここでとくに取り上げておきたいのは for-me-ness である。これは、あらゆる意識経験が「私に生じている」ということについての気づきを指す概念である。

意識という概念が、およそ「世界が私に現れてくる経験」を指すのだとすると、あらゆる経験には必ず for-me-ness がともなっていると言えそうである。また、これを知覚経験に則して論じるなら、フッサールが「射映（Abschattung）」という概念によって問題にしたように、知覚対象は必ずある一定のパースペクティヴのもとで与えられ、そのパースペクティヴ以外からの知覚を地平としてともなっている[27]。たとえば、私が雪だるまの顔側を見ているとすると、それと同時に背中側を見ることはできない。ただし、私はその雪だるまが顔側だけに膨らんだ絶壁状の雪の塊だとは思っておらず、やはり背中側があるだろうと暗黙に予期しつつ見ている。つまり、自分が知覚することのできない、潜在的には他者のパースペクティヴからの知覚内容に当たるものが、知覚内容を取り巻く地平として与えられている。

通常、このような知覚のパースペクティヴは、とくに視覚に関して言うと眼球の位置に拘束されているように思われる。ただ、アーソンの実験が示しているように、カメラと視覚－触覚の多感覚統合のメカニズムを利用すれば、自己位置感をともなう視覚的パースペクティヴを自己身体の外部へと移行することも可能である。今後探求されるべきひとつの課題は、自己位置感を随伴する視覚的パースペクティヴがどの程度の柔軟性を持っているかということである。たとえば、仮想現実（VR）として構成された映像世界は、世界に存在しうる視覚的パースペクティヴから見える大半の光景を構成することができるだろうし、現実だけでなく架空の光景も構成できるだろう。そして、視覚以外のモダリティ（たとえば触覚）と組み合わせることで、再現された視覚的パースペクティヴに自己位置感を与えることができる。つまり、他感覚統合を利用することで「私がそこから見ている感じ」（for-me-ness）をVRに与えることができるのである。従来の視覚メディアに比べてもともとVRに強い没入感がともなうのは、加速度センサーを介して前庭感覚と連動するようなフィードバックを映像に持たせ、視覚と前庭感覚の多感覚統合をすでに部分的に実現しているからであろう。

こうした視覚的パースペクティヴにともなう自己位置感は、カメラを用いることでどこまで「非人間的」なものになりうるのだろうか。ここで言う「非人間的」とは、視点がヒトに類似しないという意味である。魚の視点、鳥の視点、昆虫の視点、あるいはドローンの視点、内視鏡の視点など、カメラが取りうる視点は無数に考えることができる。たとえば、イギリスの映像会社 Marshmallow Laser Feast は、虫や動物の視覚世界を音声と振動つきのVR動画で再現することを試みている。[28] こうした視点は、人間の身体性にとってどれほど非現実的なものであったとしても、多感覚統合が成り立つのだろうか。自己の身体ではもともと経験できないような視点について、どの程度の自己位置感が成立するのだろうか。たんにカメラの視点を利用するということにとどまるのではなく、「私がそこから世界を見ている感じ」は、どこまで人間の視点を外れた柔軟性を持つのだろうか。

全身錯覚に話を戻すと、ブランケの実験は、視覚的パースペクティヴを自己身体の側に残して、身体所有感を強めることで仮想身体に自己位置感を部分的に移行することに成功していた。こちらの実験はパースペクティヴではなく、仮想身体の形状や容姿の点で、私たちの身体性がどこまで柔軟でありうるかを問うているといってよい。「私の身体」として所有感を感じるだけではなく、「私の身体がここにある感じ」として自己位置感が生じるようなアヴァターの形状はどのようなものだろうか。たとえばビデオゲームで用いられるアヴァターは、視覚と運動感覚を連動させることで、かなり強い所有感を成立させているように見える。格闘技ゲームのプレイヤーが、画面の中のアヴァターが殴られそうになる場面で自己身体を連動させて思わず避けてしまうといった光景はよく見られる。

アヴァターの身体への所有感を経験することで私たちの知覚や行為が変化することは、近年の研究でも少しずつ明らかになりつつある。たとえば、VRで黒人の身体を経験した白人参加者は人種差別的な知覚バイアスが低下する、[29] スーパーマンの身体を経験した参加者は実験後に利他的な向社会的行動をより多く見せるようになる、[30] といったことが実験によって示唆されている（新たな身体イメージの経験を介して知覚と行為を組織化する身体図式が変化すると考えれば、第1章での議論と連続的に理解できるだろう）。ただ、こうした仮想身体への没入がどのような範囲で生じうるのか、現状では必ずしも明確になっているわけではない。身長、性別、体型、面立ちなど、ヒトの身体に備わる属性だけではない。視点と同じようにヒトという種の身体を超えた別の種の身体や、想像上のクリーチャーの身体などにも所有感と自己位置感は生じうるのだろうか。「変身」という、身体をめぐる人間の欲望を読み解くうえでも、今後の研究が待たれるところである。

6　クリティカルな論点

最後に、ややクリティカルな論点を補足しておこう。全身錯覚は、離人症と呼ばれる精神障害に通じる点を持っている。というのも、離人症の症状は、喜怒哀楽の感情が全般的に鈍麻し、現実に生き生きとした感じがともなわなくなる点に特徴がある。現実の知的認知に障害はないのだが、現実の現実らしさがよくわからなくなってしまうのである（現実感消失）。精神病理学の木村敏はこの点について、リアリティと区別されるアクチュアリティの障害、「もの」の次元ではなく「こと」の次元の障害であるとかつて指摘している。[31]

当事者の感じる苦しさはこの点だけにとどまらない。自己が身体から遊離しているという脱身体感(disembodiment feeling)をしばしば訴えるのである。たとえば、ある当事者はみずからの離人症の症状を以下のように振り返っている。

私の体は私のものではないみたいだった。私はたんに、鈍くてぼんやりした思考とともに空中にただよう心になったように感じていた。私にはときどき、自分に体があるということさえ狂気じみたことであるように思えた。というのも、私は体とつながっているとは感じてはいなかったからだ。下を向いて手を見ても、それは本物のようには感じられなかった。私はあたかも、生命の運動を通じて機械的に動いているかのようで、かつて感じていたように「生命の運動と」十分につながっている感じがしなかった。[32]

この記述からうかがえるように、当事者の身体では所有感の低下が生じている(「私の体は私のものではない」)。私の身体を私のものとして生々しく感じることができなくなるとともに、主観的な経験のパースペクティヴが身体から遊離し始め、宙をさまようような脱身体的な経験が生じてくる(「空中にただよう心になった」)。精神科医のマウリシオ・シエラが指摘しているが、患者はこの種の経験についで、自分が「どこ」にいるのか明確に言うことができない場合が多い。[33] アーソンの実験を参考にして言うなら、視覚的パースペクティヴに結合する他の感覚が与えられていないせいで、カメラ位置に視点が収束するような経験が生じておらず、そのため、パースペクティヴにともなう自己位置感が生じないのだろう。そこで、どこから見ているのかよくわからないまま世界を見ている経験が生じているのである。先のギュイヨも、離人症は主観的経験のパースペクティヴ、すなわちfor-me-nessの障害ではないかと示唆している。

筆者が指摘しておきたいのは、全身錯覚の経験が離人症の症状といわば背中合わせであるということだ。VRの研究が盛んになればなるほど、一方でヒトの眼球にしばられないような視点の探索が進むだろう。また他方で、VRに設定されたアヴァターの経験を通じて、生まれ持った身体の形態に拘束されない、自由な姿形をした身体へと所有感が拡張されていくだろう。ただ、そうした作業は、身体所有感と一人称視点の分離を促進し、「身体化された自己」の可能性を飛躍的に拡張する一方で、分離した状態が「常態」になるまで、身体経験の学習を推し進めてしまうかもしれない。そうなると、パースペクティヴにともなう自己位置感が身体所有感にともなう自己位置感とうまく一致せず、自分がどこにいるのかよくわからない状態を文字通り作り出してしまう危険がある。ヴァーチャルリアリティの探求は、いわば「学習された離人症」を生じさせるリスクを内在させているのである。

注

(1) Ehrsson, H. H. (2007). The experimental induction of out-of-body experiences. *Science, 317,* 1048.

（2）田中彰吾（二〇一七）『生きられた〈私〉をもとめて――身体・意識・他者』北大路書房、九―八二
（3）Lenggenhager, B., Tadi, T., Metzinger, T., & Blanke, O.（2007）. Video ergo sum: Manipulating bodily self-consciousness. *Science, 317,* 1096–1099.
（4）Botvinick, M., & Cohen, J.（1998）. Rubber hands 'feel' touch that eyes see. *Nature, 391,* 756.
（5）Haggard, P., Taylor-Clarke, M., & Kennett, S.（2003）. Tactile perception, cortical representation and the bodily self. *Current Biology, 13,* 170–173.
（6）Head, H., & Holmes, G.（1911）. Sensory disturbances from cerebral lesions. *Brain, 34,* 102–254.
（7）Medina, J., & Coslett, H. B.（2010）. From maps to form to space: Touch and the body schema. *Neuropsychologia, 48,* 645–654.
（8）本間元康（二〇一〇）「ラバーハンドイリュージョン――その現象と広がり」『認知科学』一七、七六一―七七〇
（9）市川浩（一九九二）『精神としての身体』講談社、七一―八五
（10）O・F・ボルノウ、大塚恵一・池川健司・中村浩平（訳）（一九七八）『人間と空間』せりか書房、二五―七六
（11）Blanke, O., & Metzinger, T.（2009）. Full-body illusions and minimal phenomenal selfhood. *Trends in Cognitive Sciences, 13,* 7–13.
（12）Blanke, O., & Arzy, S.（2005）. The out-of-body experience: Disturbed self-processing at the temporo-parietal junction. *The Neuroscientist, 11,* 16–24.
（13）Lenggenhager, et al., op. cit., p. 1098.
（14）Lenggenhager, et al., ibid., p. 1096.

(15) Blanke & Arzy, op. cit.

(16) Blanke & Metzinger, op. cit.

(17) Ehrsson, op. cit.

(18) Ehrsson, ibid., p. 1048.

(19) Ehrsson, ibid., p. 1048.

(20) Salomon, R., Lim, M., Pfeiffer, C., Gassert, R., & Blanke, O. (2013). Full body illusion is associated with widespread skin temperature reduction. *Frontiers in Behavioral Neuroscience, 7*:65. doi: 10.3389/fnbeh.2013.00065.

(21) Moguillansky, C. V., O'Regan, J. K., & Petitmengin, C. (2013). Exploring the subjective experience of the "rubber hand" illusion. *Frontiers in Human Neuroscience, 7*. doi: 10.3389/fnhum.2013.00659.

(22) Blanke, O., Metzinger, T., & Lenggenhager, B. (2008). Olaf Blanke et al.'s Response to Kaspar Meyer's E-Letter. (https://infoscience.epfl.ch/record/154869/files/E-letters_responses.pdf)

(23) R・デカルト、所雄章(訳)(二〇〇一)「省察」『増補版デカルト著作集2』白水社

(24) Gallagher, S. (2000). Philosophical conceptions of the self: Implications for cognitive science. *Trends in Cognitive Sciences, 4,* 14–21.

(25) Haggard, P. (2017). Sense of agency in the human brain. *Nature Reviews Neuroscience, 18,* 196–207.

(26) Guillot, M. (2017). I Me Mine: On a confusion concerning the subjective character of experience. *Review of Philosophy and Psychology, 8,* 23–53.

(27) Husserl, E. (1973). *Ding und Raum: Vorlesungen 1907.* The Hague, Netherlands: Martinus Nijhoff. (pp. 139–153)

(28) http://iteota.com/experience/welcome-to-the-forest (アクセス二〇一九年三月二七日)

(29) Banakou, D., Hanumanthu, P. D., & Slater, M. (2016). Virtual embodiment of white people in a black virtual body leads to a sustained reduction in their implicit racial bias. *Frontiers in Human Neuroscience.* doi: 10.3389/fnhum.2016.00601

(30) Rosenberg, R. S., Baughman, S. L., & Bailenson, J. N. (2013). Virtual superheroes: Using superpowers in virtual reality to encourage prosocial behavior. *PLoS ONE, 8(1)*: e55003. doi:10.1371/journal.pone.0055003

(31) 木村敏（一九八二）『時間と自己』中央公論新社、四―三一

(32) Bradshaw, M. (2016). *A return to self: Depersonalization and how to overcome it.* Seattle, WA: Amazon Services International. (e-Book)

(33) Sierra, M. (2009). *Depersonalization: A new look at a neglected syndrome.* Cambridge, UK: Cambridge University Press. (p. 30)

第3章 「脳の中の身体」を超えて

1 脳の中の身体

歩行中によろめいて倒れそうになると、思わず腕が伸びて地面に手をついたり、周囲の物につかまったりする。これは誰もが経験する全身の自然な反応であろう。ただ、手を失った後になってもこのような反応が起こるとしたらどうだろう。四肢を部分的に切断した後で生じる、いわゆる「幻肢（phantom limbs）」と呼ばれる症状では、実際にこうしたことが起こる。

［事故で前腕を失って数週間後］、腕がないことはわかっているのに、トムは肘から下が幽霊のように存在しているのを感じた。「指」を一本ずつ動かすこともできたし、「手をのばして」腕が届く範囲のものを「つかむ」こともできた。それどころか彼の幻の手は、パンチをかわしたり、転倒を防いだり、小さい弟の背中をポンとたたいたり、およそ本物の手が無意識にすることを、何でもすることができるらしい。トムは左利きなので、電話が鳴るたびに、幻の左手が受話器をとろうとする。(1)

この記述からもわかるように、本人は自分の腕や脚がもう存在しないことを認識しているにもかかわらず、それらが実在しているかのような状態を繰り返し経験する。幻肢と呼ばれるこの現象は、一六世紀にはすでにフランスの外科医アンブロワーズ・パレによって報告されており、古くからその存在は知られていた。(2) 後に見るように、デカルトもメルロ＝ポンティも自身の著作のなかで幻肢に言及しており、心身問題に取り組む哲学者にとって、この現象は関心を呼ぶものであり続けてきた。

幻肢は、事故や手術によって四肢の一部を失った後で生じる一種の後遺症である。発現頻度はきわめて高く、五八人の切断肢患者を追跡した研究では、断肢の六カ月後でも九〇パーセントの患者に何らかの幻肢の経験が見られたという。(3) 四肢の部分的損傷を経験した七三人の兵士を追跡した研究では、六カ月後も全員に何らかの幻肢の感覚が生じていたと報告されている。(4) 各種の報告でおよそ九〇パーセント以上という数字は共通しており、事故であれ手術であれ、切断肢を経た患者の身体では、大半の場合何らかのしかたで幻肢が生じ、幻肢を経験しない場合はまれである。主観的に経験される現象でありながら、無視することができない程度には一般性を備えているのである。

ここで問われるべきなのは、物理的な次元で失われてしまった身体を私たちがなぜ経験できるのか、ということであろう。幻肢の原因をめぐって影響力が比較的大きいのは「中枢説」と呼ばれる考え方である。この場合の「中枢」とはもちろん脳のことで、中枢神経系である脳に幻肢の原因を帰属させる立場である。脳内にはかつて神経科医のワイルダー・ペンフィールドが考えたような感覚ホムンクルスや運動ホムンクルスが中心溝の前後に分布しており（ホムンクルスはもちろん「小人」の意味で、末梢からの感覚入力と末梢への運動出力に対応するヒト型の脳領野が感覚野と運動野に分布しているとする見方）[5]、切断肢の後もそれらが活性化することで幻肢が経験される、と中枢説では考える。

引用した事例を報告しているヴィラヤヌル・ラマチャンドランも中枢説の立場を取っている。彼の見出したところによると、幻肢には切断肢後の大脳皮質の再編が関係している[6]。患者のなかには、残存する上腕や顔面に触れると幻肢の感覚をありありと感じる者がおり、このような刺激によって幻肢の感覚を指一本ずつのレベルで明瞭に再現できる場合がある。顔や上腕は、中枢の感覚ホムンクルス上で手がマップされている部位に隣接している。手の切断によって末梢からの入力が消失すると、隣接領域（上腕や顔面）に対応するニューロンが手の対応部位に入り込むようなしかたで大脳皮質が再編される。もともと、中枢の感覚野で手を表現していた部位が手と顔、あるいは手と上腕をともに表現するようになるため、末梢には存在しないはずの手の感覚が、顔や上腕への刺激に対応して経験されるのだという。いわば、末梢と中枢を結ぶ神経回路が混線するという見立てである。

脳の可塑性が高いことを考慮すれば、このような感覚皮質の再編が切断肢後に生じていることは十分に想定できる（それを否定するような見方もあるが）[7]。ただし問題は、序でも指摘した通り、中枢説の考え方を推し進めていくと、物理的な次元での身体を不要とする神経構成主義的な見方に近づいていくことである。ラマチャンドラン自身も、幻肢痛の治療について一通り述べた後でこうつけ足している——「しかしそこには、「あなたの体そのものが幻であり、脳がまったくの便宜上、一時的に構築したものだ」という、もっと深いメッセージもこめられている」[8]。物理的な次元に実在すると私たちが普段みなしているその身体も、じつは脳が生み出した幻であり、もともと幻肢のようなものだ、というのが彼の主張である。

脳内で何が生じているかがまったく知られていなかった一七世紀に、デカルトもまた中枢説に近い立場を表明している。彼は『省察』のなかで、腕や脚を切断した人々が失った部位に痛みを感じるという幻肢痛の存在を紹介している[9]。心身を分離して考えるデカルトにとってこれは格好のエピソードである。というのも、痛みほど私たちにとって身体的で切実な感覚はないにもかかわらず、幻肢痛は、物理的な身体に由来しない痛みが実在することを物語っているからである。彼の考えでは、痛みという主観的意識経験は、もともとたんなる物体である身体に由来するものではなく、精神がそれを感じている。また、痛みが生じている空間的な場所があるとすると、精神との往来が唯一可能な身体部位である脳であるに違いない。この考えは典型的な中枢説である。

中枢説の背後には、ペンフィールドのホムンクルスに端的に表現されるような、神経構成主義的な身体観がある。これを「脳の中の身体（body in the brain）」とさしあたり呼んでおこう。物理的実体としての身体が存在してもしなくても、身体を表現する部位が脳内の神経回路として保存されていれば、「自己の身体」を主観的に経験することはできるという見方である。本章で考えたいのは、このような「脳の中の身体」という見方をまさに幻肢の現象に則して批判し、脳内に閉じ込められた自己の身体を、もともとそれが存在する場所である世界へと差し戻すことである。

2　幻肢を動かす

幻肢を経験する者のなかには痛みを感じる者もいて、この痛みは「幻肢痛」と呼ばれている。幻肢痛を経験する者は切断肢経験者のおおよそ四〇―八〇パーセントと見積もられているが[10]、幻肢に比べて報告される数値にばらつきがあり、実態は必ずしも明確ではない[11]。どうやら、幻肢痛の経験はもともと個人差が大きいらしい（通常の痛みも個人差が大きいことを考えるとこれは当然なのかもしれない）。幻肢痛の感覚も多様であることが指摘されていて、突然やってきて短時間で終わる場合もあれば、慢性的で耐え難く感じられる場合もある。また、痛みの感じ方も、突き刺すような感じ、ずきずきする感じ、焼けるような感じ、痙攣するような感じ、とさまざまである[12]。

ただ、ラマチャンドランの先駆的な仕事によって「ミラーセラピー（鏡療法）」と呼ばれる治療法が

図1　ミラーセラピー（University of California, San Diego, Center for Brain and Cognition（http://cbc.ucsd.edu/~lseckel/haiti.html））

確立しており、幻肢痛を緩和することはできるようになっている。もともと、幻肢の患者の中にもそれを動かせる者とそうでない者がいることに関心を持っていたラマチャンドランは、幻肢を動かせない患者に、幻肢があたかも動いているかのようなフィードバックを与えることを思いついた[13]。図1のような状態で鏡を利用し、切断肢の位置に健常肢側の運動イメージを鏡映させることを試みたのである。

幻肢痛を経験する患者は大抵の場合、幻肢が硬直していて動かせない。実際、幻肢の随意的な運動量と幻肢痛の主観的な強度が相関することが近年になって明らかになってきている[14]。動かせない幻肢ほど、より強い痛みをともなうことが多いらしいのである。ところが、鏡像を用いて動いているイメージの視覚的フィードバックを与えると、幻肢が動いているかのような錯覚を経験することができ、さらに、個人差はあるものの幻肢を意図的に動かせるような状態になる。そして、硬直した状態から動かせる状態に幻肢が変容すると、それにともなって幻肢痛がやわらいだり消失したりするのである。

幻肢痛についても、幻肢と同じく、切断肢後の感覚皮質や運動皮質の再構成が関与していると見られている。[15]ミラーセラピーが効果的であるのも、そこに鏡像を用いて視覚的フィードバックを介在させることで、硬直した幻肢の状態を変化させ、皮質の再構成を望ましい状態に変化させられるためだと考えられている。現象学的な観点から見て示唆的なのは、ラマチャンドランの報告している患者RTだろう。[16]左腕の肘から下を手術で切断したRTは、鮮明ではあるもののまったく動かない幻肢を経験した。ただ、その手はしばしば痙攣しながら握りしめるような不随意の動きをともなっていた。意図的にその握りを解くことは不可能ではなかったが、そうするのに三〇分以上もかかり、しかもその間、爪が手のひらに食い込んで強い痛みがともなうという。そこでミラーセラピーを実施したところ、幻肢の随意的な動きをよりスムーズなものに変化させることができた。最終的には、目をつぶった状態でも握りを解くことができ、痛みを感じなくなったというのである。

こうした方法で幻肢痛がやわらぐことも注目に値するが、それよりも驚くべきことがここでは起こっているように見える。というのも、幻肢がたんに動いたり動かなかったりする状態を超えて、鏡像の視覚的フィードバックを得ながら、運動学習が幻肢において生じているからである。物理的実体のない身体である幻肢は、動きのない状態で身体に付着していることもあれば、状況によって不随意に動くこともある。だが、これに加えて、適切な運動イメージを得ることで、随意的に動かせる状態へと変化させられるようなのである。第1章で考察した通常の運動学習に類することが幻肢でも生じているのだろうか。

関連する研究を参照してみよう。近年になって、フランチェスカ・ガルバリーニらによって、幻肢の各指を順番に動かす継起的運動を学習させる実験が行われている(17)。一般に片側の手や足で学習した運動は、それを行わなかった体側でもある程度の学習効果を生じさせることが「側性転移」と呼ばれる現象として知られているが、指で順番に画面にタッチする継起的運動を幻肢側で学習させたところ、学習を実施しなかった健常肢の側でも、指の運動の速度と正確性が向上する転移が確認された。つまり、幻肢の指で特定の動きを学習したとしても、健常な手で指の動きを学習するときと同じように側性転移は生じるのであり、幻肢でも確かに運動学習が生じているのである。

とはいえ、そもそも、幻肢を動かすというのがどういう経験なのか、経験のない著者にはよくわからない。もちろん大半の読者にとってもそうだろう。幻肢は一般に、腕や脚を失う以前と同じようにそこにある感じがしたり、不随意に動くような感じをともなうのだから、そこに固有感覚や運動感覚は生じているのであろう。ただし、周囲が見ても本人が見ても、その同じ場所に物理的実体としての身体を確認することはできない。健常肢の鏡像を利用して視覚的に近似する手がかりを得ることで、本人は幻肢を随意的に動かせるようになるとはいえ、いちど動かせるようになった後の運動学習は健常肢で行うわけではない。あくまで幻肢そのものを動かすのである。このような身体を動かすのだとすると、見えない身体が動いている姿を想像するようなしかたで、つまり一種のイメージトレーニングのようなしかたで幻肢を動かすのではないだろうか。幻肢を経験したことのない者にとっては、さしあたりこのように理解するのが自然に感じられる。

しかし、これも実態とは異なっているらしい。一四人の当事者を対象にして、幻肢を動かしているのを想像する状態と、幻肢を実際に動かしている状態とを比較した研究がある(18)。それによると、当事者はこれら二つの状態を区別して実践することができる。また、運動をイメージする状態と、運動を実行する状態とでは、重複する部位はあるものの、基本的に異なる脳部位が活動していることが明らかになっている。運動の実行には、一次感覚野、一次運動野、小脳前葉がより強く活性化し、運動をイメージしているときは、頭頂葉、後頭葉、小脳後葉がより強く活性化する。ここから推測できるのは、実際の運動指令の生成に関与しているか、たんにイメージしているかの違いを反映した神経活動が生じているということである。また、補足運動野と一次運動野を結ぶネットワークは、これら二つの状態に対して異なった効果を持つ。この研究を行ったエステル・ラファンらも指摘している通り、幻肢を動かすのに応じて測定される神経生理学的状態は、幻肢を想像上で動かす場合とは異なり、むしろ健常肢を現実に動かす場合に類似しているのである。

これは何を意味するのだろうか。幻肢と健常肢とのあいだに本質的な差異はなく、物理的実体としての身体があってもなくても、「自己の身体」の運動は経験できるし、それは神経系の機能によってのみ成立するということを示唆するのだろうか。言い換えると、「脳の中の身体」という見方を肯定するものだろうか。いや、そうではない。これもラファンらの同じ研究が指摘していることだが、幻肢を動かすのをイメージするときと、幻肢を動かしているときでは、じつは末梢における反応もまた異なっているのである。幻肢を動かそうとすると、それに応じて断端付近の筋肉が実際に収縮しているのを観察することができるが、たんに動かそうとイメージしているときは、断端付近の筋肉は収縮する反応を起こさない。つまり、幻肢を「実際に」動かせるという当事者の経験は、断端まで物理的実体として残存する身体と、そこから先の幻肢を一体として動かす経験なのであって、決して幻肢だけを選択的に動かしているわけではないのである。

第1章で論じた身体イメージと身体図式の区別をここで思い出しておこう。幻肢を動かす経験は、身体イメージではなく、身体図式の機能に沿って理解すべきである。もともと幻肢には、環境の知覚にともなって本人が意図せずとも動くという性質がある。冒頭の患者は、電話が鳴るたびに左手の幻肢が受話器を取ろうとするのを経験している。すでに述べた通り、これは、身体図式の一部に習慣として堆積した身体行為が、それに見合った環境の知覚が生じることでおのずと引き出される経験である。幻肢は、意図的に動かせるかどうか以前に、習慣的身体の層に堆積されている「身体がおぼえていること」が切断肢の後になっても発現する経験として生じてくる。つまり、一種の身体知という側面を持っているのである。(19)

したがって、幻肢を意図的に動かす経験も、身体イメージではなく身体図式のレベルの行為として理解する必要がある。これも第1章ですでに論じた通り、身体図式は、身体各部位の運動を統合しつつ、環境に向かう行為を全身で組織化する機能を担っている。すなわち、環境に向かって行為する意図がはたらくと、それを実現するのに必要な身体のさまざまな部位を意識下で連動させ、全身の行為を実現する機能である。たとえば、目の前のコップをつかんで水を飲もうとする場合、私たちは決して手や腕に注意を向けて動かそうとしたり、肘の曲がり具合を意識して調整したりはしない。つかもうとする意図に共鳴して手から肩にかけての各部位が自然に連鎖しながら動いていくのである。また、それによって変化する重心のバランスを取るように、腕以外の部位も連携しながら上体が傾かないように意識下での調整がおのずとはたらく。

幻肢を「動かす」という言い方をすると、あたかも動かす主体としての自己と、動かされる客体としての幻肢が分離して存在するかのような印象を与える。ここから、イアン・ウォーターマンがそうしていたのと同じように、身体イメージのレベルで、動かすべき身体部位を対象化し、運動の軌跡をあらかじめ頭のなかで思い描く必要があるかのように考えてしまう（第1章参照）。ところが、通常の場面で身体を動かすときにそのような分離が生じていないのと同様に、幻肢を動かす経験においても自己と幻肢は分離せずに動いているのである。メルロ＝ポンティは、身体を「動かす」経験が決して「自己と身体」「動かす主体と動かされる客体」という分離的な経験ではないことを次のように指摘している。

私は自己の身体を直接動かす。それを客観的空間の中のある位置に発見して別の位置へと導くようなことはしていない。自己の身体はつねに私とともにあるのであって、私はそれを見つける必要はない。――私は運動の目標点へと向かって身体を導く必要はない。身体は最初から目標点に

触れているのであり、そこへ自らを持っていくのである。(20)

私は自己の身体を「動かすべき対象」として外部空間の一点に発見し、運動の終点となる位置へとそれを持っていくようなしかたで動かしてはいない。物を見つけて別の場所に動かす経験と比べてみると一目瞭然であろう。「私」と「私の身体」とは、つねに暗黙のうちに同一の空間において構造化されている。幻肢は見えない。しかし、見えない身体ながらも、運動性の次元においては「自己の身体」として実在する他の部位と同じ空間的広がりにおいて構成されているのである。もちろん、物理的な実体は失われているのだから、幻肢は不完全にしか構成されない「自己の身体」ではあるのだろう。この点については、さらに掘り下げて考えてみる必要がある。

3　世界内存在としての幻肢

幻肢は訓練によって動かすことができるにもかかわらず、自己の身体として完全に構成されることはない。それはたんに目に見えないからというわけではない。切断肢を経験する以前と同じように、幻肢を使って行為を遂行することがもはやできないからである。左手で受話器に手を伸ばしたところで、患者トムは電話を持ち上げることができるわけではない。脚を失ったひとの場合、以前と同じように脚を使ってイスやベッドから立ち上がろうとするが、そうしたところでもちろん倒れるだけなのである。[21] つまり、幻肢の当事者は、以前と同じしかたで周囲の環境が提供するアフォーダンスを知覚していながら、いざその知覚を頼りに行為を遂行しようとしても、決してその行為を実現できないのである。

幻肢のこのような経験の様式について、メルロ＝ポンティは「世界内存在」という観点から理解すべきだと指摘している。[22] 世界内存在はもちろんハイデガーに由来する概念だが、ここではメルロ＝ポンティの身体論に沿って補足しておこう。ハイデガーにとって世界内存在の「内存在」がたんに事物相互の空間的な包含関係を意味するものではないように、[23] メルロ＝ポンティも、自己の身体がたまま世界の中に置かれていることを世界内存在という概念で意味してはいない。身体はみずからに備わる能力に見合うしかたで、世界を行為可能性の場として私に開示する。「身体化された自己」である私は、具体的な行為の能力に裏づけられた「われできる」というしかたで世界に出会っている。その私がいま・ここで知覚している世界は、親しみのある相貌とともに、私に具体的な行為を促す一定の環境として現れてくる。

簡潔に言うと、世界内存在とは、行為能力に支えられた「身体化された自己」が具体的な環境のなかに根を下ろしていることである。このような様式で存在する主体に対して環境が現れてくる限り、そのつど、思わず受話器をつかもうとしたり、思わずイスから立ち上がろうとするようなしかたで行為の意図が発動し、それに応じて身体図式が全身を組織化して行為を始めてしまう場面があるだろう。そのため、幻肢の当事者にとっては、「世界が彼に対してその欠損を覆い隠すまさにその瞬間に、世界はその欠損を暴露せずにはおかない[24]」のである。当事者は、以前と変わらず「われできる」というしかたで環境に向かって何らかの行為をしてしまうのだが、その行為を遂行したその瞬間に「われできない」へと差し戻されてしまう。

だから、幻肢は、たんに腕や脚が欠損していることを本人が知的に認識するだけでは、その症状が消失することはない。この点に関連すると思われるが、脳イメージング研究が普及する以前の一九八〇年代までは、精神分析的な観点から情動的要因を重視する「心因説」が幻肢の理解において一定の影響力を持っていた。たとえばトーマス・サズによると、腕であれ脚であれ、身体の一部を喪失することは強烈な悲しみや苦しみを引き起こす。このように受け入れがたい経験は心的外傷として無意識へと抑圧され、意識的経験としては本人も苦痛を感じなくなる。ところが、抑圧された心的外傷は強い負の情動的エネルギーを持ち、突発的に患者を襲う激しい幻肢痛として回帰してくることになるという[25]。フロイトがかつてヒステリーの症状を「抑圧されたものの回帰」として読み解いたのと同じように、幻肢痛も理解することができるというのである。精神科医の秋本辰雄も、これから結婚を控えている矢先に病気のため左下肢の切断を経験し、左脚だけでなく婚約者をも失ってしまった患者の幻肢痛を、心理療法のアプローチで除去した例を報告している[26]。

ただし、切断肢にまつわる負の情動と向き合い、そうした情動から解放されていくことだけでは——ヒステリーにともなう頭痛が精神分析で解消されうるのと同様に幻肢痛が除去されることはあっても——幻肢そのものが消失することはないと思われる。心理療法のアプローチが得意とするこのような過程は、腕や脚を喪失した痛ましい事実を気持ちのうえで受け入れることを可能にしても、それ自体が当事者の身体行為そのもの、あるいは身体行為を支える身体図式を変えるわけではないからである。情動レベルでのこうした受容はもちろん、切断肢に至った経緯について納得したり、義肢の装着への抵抗感を低減したり、リハビリテーションを積極的に動機づけたりする点では役立つだろう。しかし、喪失部位を暗黙のうちに使おうとする習慣的な行為の意図がそれによって消えるのでない限り、幻肢は繰り返し現れるに違いない。

言い換えると、心因説は、中枢説とはまた違った意味で「世界内存在」を理解していないのである。負の情動が解消されて腕や脚の欠損した身体が受け入れられたとしても、それはそうした姿の身体イメージに抵抗感を抱かなくなったことを意味するだけで、喪失部位をあてにしない状態で各種の行為を実践できるようになったことを意味しない。切断肢を経験した後では、松葉杖を使って歩く、義足を使って歩く、義手を使ってその重さに慣れる、義手で物を引き寄せる、などの具体的な行為を学習し、喪失部位を前提としないしかたで運動学習を重ねていく必要がある。それによって身体図式が更新されることで、初めて幻肢は出現せずにすむようになるのである。幻肢が消失する過程で起きることとは、切断肢を経た後の身体の状態に慣れ、以前とは異なるしかたで環境のアフォーダンスを知覚し、新たな身体とともに「われできる」を世界とのあいだに作り上げること、すなわち、世界内存在の様式を変えていくことなのである。

こうしてみると、中枢説は、物理的実体としての身体を「脳の中の身体」、すなわち神経表象に還元している点で幻肢を理解していない。他方、心因説は、具体的に行動する能力としての身体を「心の中の身体」として、つまり、対象化された身体イメージとしてのみとらえている点で幻肢を理解していない（ここで言う「身体イメージ」は、後で取り上げ直す運動的成分を含む身体イメージとは区別すること）。幻肢はあくまで、切断肢の後も更新されないまま残存している身体図式の機能との関連において理解すべきなのである。

4　幻肢の「かたち」

ところで、物理的実体がもはや消失しているにもかかわらず、なぜその空間に固有感覚や運動感覚が生じるのだろうか。幻肢は硬直して動かない場合も、切断以前と同じような形状をしてその位置に感じられるという。図2を見て欲しい。これはロナルド・メルザックの論文に掲載されている有名な図の一部で、患者の主観的報告をもとに脚の幻肢を図示したものである[27]。主観的に経験される幻肢は感覚に濃淡があり、実線で描かれた部位は感覚が明瞭で強く、点線で囲まれた部位は感覚が微弱らしい。くるぶしやつま先のように、関節の多い末端ほど、運動感覚も含めて明瞭な感覚がともないやすいと言われている。また、症状出現当初は切断部位に対応する空間的広がりを備えていることが多いが、時間の経過とともに断端の内部へと収縮してしまう場合が増えるという。ただ、いずれにしても、こうして図示されたものを眺めてみると、幻肢には比較的はっきりした「かたち」がともなっていることがうかがえる。感覚皮質における神経回路の再編と混線という「脳の中の身体」に還元する説明とは異なるしかたで、この事実を理解することはできるだろうか。

この点について考えるうえで、そもそも皮膚表面や身体内部でなければ触覚的性質を持つ感覚は生じないはずだ、という先入見を外しておこう。道具の研究が明らかにしてきたように、私たちが対象を触覚的に感じる経験は、もともときわめて柔軟な性質を持っている。たとえば、ラケットを使ってテニスボールを打ち返す練習を続けると、しだいにラケットの表面でボールを打つ感じをおぼえるようになり、スピンをかけるためにボールを「こすりあげる」感じや、スライスショットを打つためにボールを「ななめ下へと切る」感じを、まさにラケットの表面で繊細に感じ分けることができるようになる。

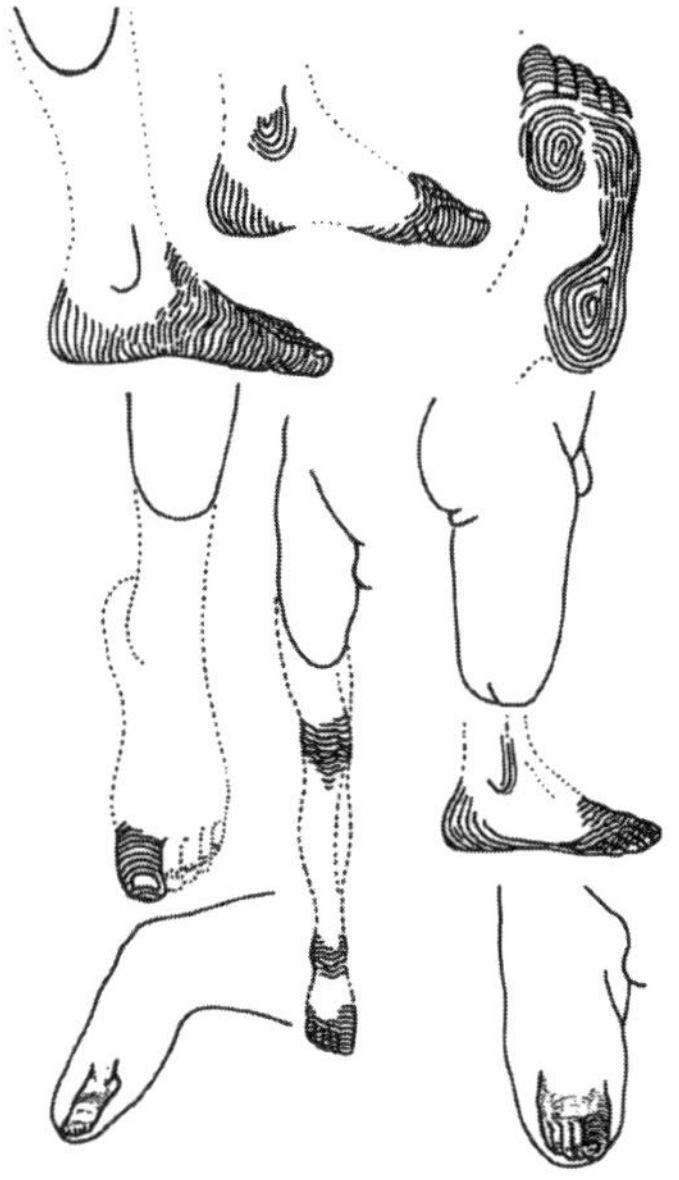

図2　脚の幻肢（Melzack, R. (1990). Phantom limbs and the concept of a neuromatrix. *Trends in Neurosciences, 13.*）

こうした現象は、たんに主観的な「コツ」として経験的に伝えられてきたわけではない。入來篤史らの研究がよく知られているが、彼らのグループは、手の届かないところにある餌を熊手状の道具を使って取ることをマカクザルに訓練させ、それに対応する神経活動を記録している。(28)

サルの頭頂間溝には、視覚と触覚の両方に対する受容野を持つバイモーダルニューロンが分布しており[29]、訓練前、その受容野は手だけに限定されているが、訓練後には手と道具を含んで拡張するのである。つまり、訓練によって使い慣れた道具は、視覚が媒介することで触覚的に経験できるようになるということが、神経活動のレベルでも見出されている（これは、「脳の中の身体」に還元しているわけではなく、主観的経験に対応する神経科学的な事実が見出されているという補足である）。

神経活動以外にも考えておくべきことがある。それは、ギブソンの知覚論に依拠して村田純一が指摘しているように、身体の延長として私たちが利用する道具は、触覚的な情報を伝える「媒質」として機能しているということである[30]。媒質とは、視覚や聴覚にとっての空気のように、知覚主体と対象とのあいだに隔たりを作り、対象が現れてくることを可能にする媒介物質である。視覚の場合には、媒質である空気に光が満ちることで光学的流動が成立し、その流動のなかで変化しない何か（変化の中の不変）として対象が見えるという経験が成立する。

感覚一般における媒質の役割を重視したのはギブソンが最初ではなく、そのルーツはアリストテレスにあると村田は補足している。アリストテレスは、触覚が皮膚と物との接触によって生じる近感覚であるという一般的な見方を否定する。というのも、それは触覚における媒質の役割を無視しているからである。視覚や聴覚が媒質を必要とするように、触覚もまた媒質を必要とする。一見したところ、触覚は皮膚と物との接触によって成立しているように見えるが、それでは媒質がはたらく余地がなく、対象が対象として現れてくることができない。たとえば視覚の場合、眼球の表面に何かが密着した状態では、感覚器官と対象とのあいだに媒質（空気）が存在せず、どんな対象も見ることはできない。触覚において、手で物をつかむ場合のように、皮膚に何かが密着した状態で、それでもなおその物のかたちを識別して一定の対象を知覚できるとすると、それは私たちの身体（肉）が媒質の役割を果たしているからなのである。視覚の場合、媒質である空気は、感覚器官である眼球とは分離して存在するが、触覚は、媒質であるところの肉が、感覚器官である身体（皮膚と身体内部）とは切り離されていない。しかしそれは、触覚を通じて対象をとらえるさいに、媒質を必要としないということを意味しない。以上がアリストテレスの考えである。

このように考えると、道具の身体化についてもやや違った角度から見えてくるだろう。道具は、感覚器としての身体を延長しているというより、触覚の媒質としての肉を延長していると考えることができる。道具を通じて媒質が延長されているのだとすると、それを介して何らかの対象が触知されるという経験も、ごく当たり前に生じるだろう。道具の先端で繊細に物を感じ分ける経験は、決して特殊な経験ではなく、私たちの誰もに開かれた一般的な触覚の経験なのである。箸でじゃがいもを刺すときにそれが生煮えであることがわかったり、運転時のちょっとした振動の変化で路面のアスファルトの滑らかさに気づいたりするとき、バイモーダルニューロンの助けは借りておらず、神経系の作用をもとにした説明は採用できない。しかし、箸やクルマを肉に接続された媒質として利用することで、対象を触覚的に感じ分けているとすれば、問題なく説明できる。

ギブソンは、「アクティブタッチ」と彼が呼ぶ触覚によって、立体的な物のかたちの識別が可能になると主張している。[31] アクティブタッチは通常の生理学で前提とされる皮膚表面への受動的な刺激入力とは対照的な概念で、知覚主体の身体が動いている状態を前提とする触覚である。皮膚表面への受動的な刺激は、基本的には平面的なものであって、それだけで三次元の触知覚を説明するのは難しい。たとえば、閉眼した状態で手のひらを静止させてその上に物を置いても、物の形状はきわめて判別しにくい。しかし、閉眼していても、手を動かして同じ物に探索的に触れてみるとかたちをはっきりと知覚できる機会が飛躍的に増える。ギブソンは、さまざまな形状のクッキー型を使った実験で、触覚における能動的な探索運動の重要性を見出している。

ここで強調されているのは手の動きであり、動きによってさまざまに付加される皮膚以外からの同時的な入力、とくに骨と関節に由来する入力である。ギブソンの触覚論によると、「(触覚的な)知覚の統一性は皮膚だけに由来するものではない。骨と皮膚に関連する空間的な不変項という観点から見ても、それら両者に由来するのでなければならない」[32]。つまり、皮膚はさまざまなしかたで物に触れることで接触の情報をもたらし、関節はさまざまな角度に変化することで立体的で幾何学的な情報をもたらす。知覚する主体の身体が動く過程で、皮膚と骨は、肉という媒質を通じてさまざまな感覚的流動を生み出している。その流動の中から不変な情報がピックアップされるとき、それが対象の三次元的なかたちとして知覚されるのである。視覚が光学的流動の中の不変項を見出すのだとすると、触覚は、身体運動から生じる感覚的流動の中の不変項を感じ分け、物体の「かたち」を識別しているのである。

とはいえ、これだけでは幻肢の「かたち」を理解できたことにはならない。腕や脚を失った後の当該部位には、感覚器としての皮膚や関節もなければ、媒質としての肉もない。物理的な次元で何の下支えもない空間に、はっきりとした触覚的経験が生じるとは考えられない。しかしその一方で、アクティブタッチの概念が示しているように、全身の動きが触覚的な知覚にとって不可欠だとすると、私たちは重大な手がかりを得ている。残存する身体の動きに由来する情報が、幻肢の「かたち」を生み出すもとになる情報を提供しているのである。先に、身体図式に備わる「志向弓」の作用に言及したことを思い出そう（第1章5節）。全身での運動を組織化する身体図式は、現実の行為に先んじて周囲の環境に向かってさまざまな行為の可能性を投射している。私たちの身体運動は、事前に周到に頭のなかで計画されて実行に移されるものでもなければ、まったくランダムに生じてくるものでもない。運動スキルを持つ身体が周囲の環境に出会うとき、いくつかの行為可能性が身体イメージとして生まれ、そのどれかが現実の行為として実行に移されるのである。なお、ここで言う身体イメージはもちろん「運動イメージ」であって、もともと運動的成分を多分に含んでおり、それほど明確に対象化されてはいない。

そうだとすると、幻肢にともなう「かたち」は、行為可能性として浮上してくる身体イメージに対して、残存する皮膚・関節・肉の動きによって濃密な触覚的成分が与えられることで生じるものであろう。たとえば、ボールやコップのようにつかめそうな物が身体のそばに見えていれば、志向弓がはたらいて、手でつかむ行為のイメージが投射される。あるいは、イスや布団のように静止した姿勢のイメージを喚起する物もあるだろう。このとき、腕や脚が切断されていて現実の行為や姿勢を実現できないとしても、残存する身体がかすかに動けばさまざまな感覚的流動が引き起こされる。それは、当の状況で発生する身体イメージが明瞭であればあるほど、かつて実在した手や足の形状に近い幻肢として経験されるだろう。肉に代わって身体イメージが触覚的な感覚の渦のなかに不変項を与えることができるとき、幻肢にかたちが生じるのである。それはたとえば、長い髪を短く切った後で、髪をかきあげるしぐさが生じようとするちょうどそのときに、長い髪が以前と同じ姿で存在するかのように感じてしまう経験にも似ている。

補足するが、このような理解は同時に、はっきりしたかたちをともなわない幻肢の経験がありうることの説明にもなっている。というのも、志向弓の作用とともに生じてくる身体イメージは、つねに明瞭な輪郭をともなうとは限らないからである。身体イメージがかすかなものであればあるほど、幻肢の感覚ははっきりとしたかたちをともなわないまま、雑多で一時的な感覚として経験されるだろう。幻肢の感覚は、かゆみ、腫れ、縮み、チクチクする感じなどとして経験されることがある。(33) これらは、幻肢の感覚的経験が一種の「表面」に由来するものであることを連想させる。身体イメージが不明瞭なものである場合、それに対応する触覚的感覚も明瞭な四肢の輪郭を失い、漠然と内部と外部を分ける「面」としてしか成立しないことを示唆しているように思われる。

5　身体と自己の構成

結局のところ、幻肢が幻肢として経験されることの根拠は、中枢神経系における身体表象の残存やその再編だけには還元できない（それはより全体的で生態学的な説明を構成する一部である）。患者の身体では、物理的次元で末梢の部位が切除された後も身体図式が作動しており、一方でそれが身体イメージを喚起し、他方で残存部位の身体運動に由来する触覚的な感覚の渦を引き起こすとき、幻肢には「かたち」が与えられるということなのである。それでは逆に、末梢に肉が存在することで、通常の身体はどのように構成されるのだろうか。身体が幻肢としてではなく、実在する身体として構成される過程はどのようなものだろうか。

フッサールは、あらゆる知覚を経験する主体としての身体が構成される過程を明らかにするため、身体がみずからを知覚する場面を問うている。[34] たとえば私が自分の左手を知覚するとき、それを目で見ることもできれば右手で触れることもできる。ただ、視覚的に左手をとらえるときには、その現れかたは他の事物が視野に現れるのと大差ないにもかかわらず（事物一般と同じように左手も「そこ」という位置に見える）、触覚的に左手をとらえるときには、他の事物とはまったく異なる現れかたをする。右手で左手を感じるだけでなく、左手でも右手を感じるのであり、いわゆる二重感覚が生じるのである。右手で物体に触れても、触れられている物体の側から右手を感じることはできない。しかし右手で左手に触れると、触れられている左手の側から、右手が当たっているまさにその場所において、右手を感じることができる。フッサールはこう述べている。

身体はもともと二重のしかたで構成される。すなわち、一方でそれは物理的な事物つまり物質であって、延長を備えている。この延長には、色や滑らかさや硬さや温かさなど、そうした物質的性質が身体のリアルな性質として含まれている。その一方で、私は身体に見出す。私は身体の「表面」と「内部」で感じるのである。感じるのは、手の甲の温かさ、足の冷たさ、指先で触れる感覚である。体表面の広い範囲では、衣服の伸び縮みを感じる。指を動かすと運動感覚を感じるが、それは指の表面全体にさまざまなしかたで広がる表在感覚である。しかしそれと同時に、この複合的感覚の一部は、指の空間の内部に局在化されている。(35)

身体は物体と同じような延長には還元できない。それは身体を構成するひとつの特徴ではあるが、身体は延長だけに尽きる存在ではないからである。外界に注意が向いていて身体が背景化しているときには気づいていないが、少し注意を向ければ、私は身体の「表面」と「内部」でさまざまなことを感じていることに気づく。これらは、身体の動きにともなって体表面全体で感じるものであると同時に、何らかの接触が生じている特定の「ここ」に局在化されて感じるものでもある。

このことの含意は重大である。というのも、身体を通じて私は物に触れるとともに、物に触れている指の内側を、身体の他の部位から区別された「ここ」として経験しているからである。フッサールは触覚のこのような性質を指して「再帰的感覚（Empfindnis）」と呼ぶ。感覚が、対象との接触を通じて生じるだけでなく、接触している身体の内側にも局在して位置づけられているということである。身体は、延長を備える物体として構成されるだけでなく、身体は局在化する再帰的感覚とともに構成される。つまり、身体が身体として構成されることの起源は、「ここ」として弁別される特定の場所で世界との接触が生じる感覚的経験にあるのである。

身体が再帰的感覚とともに構成されるのだとすると、身体が身体として構成されることは、自己が構成されることと同じ起源を持っていることになる。というのも、何らかの経験が局在化されて生じるということは、たんに任意のどこかで何らかの事象が生起しているのではなく、「ここ」という場所を構成する「内側」と「外側」が、つまり「自己」と「世界」がともに生起することを意味するからである。対象に触れる感覚は、宇宙の中の任意の位置としての「どこか」ではなく、それ以外のあらゆる「どこか」から決定的に区別される「ここ」で生じる。これは、任意の物体から「身体」が発生する経験であると同時に、その身体を内側から生きる「私」が立ち上がる経験でもある。先の引用に近い箇所で、フッサールは次のようにも述べている。

触覚的な再帰的感覚は、物質的事物としての手の状態ではない。まさに手それ自体が、われわれにとっては物質的事物以上のものである。私にとっての手のあり方は、「身体の主体」である私が、「物質的事物の事象は物質的事物のそれであって、私の事象ではない」と言うことを可能にするのである。[36]

再帰的感覚によって、身体と身体以外の物質的事物に宇宙は区別される。それは「私に属する事物」としての身体と、「私の事象ではない物体」の集まりとしての世界へと、全体的な宇宙が分岐する契機を含んでいるのである。

ただし、以上の説明だけでは、身体が幻肢のようなファントムとしてではなく、リアルなものとして構成されることが十分に理解できない。すでに見てきた通り、幻肢によっても物に触れることはできるからだ。もちろん、触れたところで物が動くだけの圧を加えられるわけではなく、そこに厳密な意味での再帰的感覚がともなうかどうかは不明である。しかし一方で、幻肢は、もともと腕や脚の位置していた場所である「ここ」に局在化して感じられることも確かである。とすると、身体が物に触れるときに生じる、局在化する再帰的感覚だけでは、身体と物体を区別することはできても、身体と幻肢を区別することはできない。

ここでもういちど、フッサールが視覚と触覚を区別するさいに引き合いに出していた二重感覚について考える必要がある。右手で左手の甲をなでると、右手の指先で左手表面のつるつるした感じを感じることができるだけでなく、触れられている左手の側で右手の指先から伝わってくる温かさを感じることができる。このとき、仮に左手が幻肢だったとすると、左手の側で擬似的な触覚を感じることはありうるかもしれないが、右手で幻肢の滑らかさを感じることは決してできないだろう。触れようとする右手の意図が志向弓を発動させ、身体イメージによって補完された左手の幻肢が現れるかもしれない。しかし幻肢には物質としての裏づけがない。身体は二重のしかたで構成されるとフッサールは述べていたが、幻肢には、まさに物質として構成される次元が欠落しているため、その滑らかさを右手で確認できないのである。幻肢は、生きられた身体（ライプ）として現れることができても、物理的身体（ケルパー）として現れることができない。ケルパーとして現れることができない幻の左手は、ライプとしてもケルパーとしても構成された健常肢の右手とのあいだで、二重感覚を生じさせることができない。

メルロ＝ポンティもまた二重感覚について考察しており、このように述べている――「身体は、認知機能を実践しつつあるときに、自分自身を外側から不意打ちして、触れるものに触れようとするのであり、「一種の反省」を素描する」[37]。触れようとする右手に触れられつつある左手が触れ返すという「不意打ち」は、左手が幻肢なら成立しない。二重感覚の呼び込む経験が「反省」であるということに注意しよう。身体が物に触れるとき、再帰的感覚とともに私が生じる。しかしこの「私」はいまだ明確に自己自身を反省できる存在ではない。このような自己は、前反省的な気づきとともに成立するミニマル・セルフである（第2章5節参照）。二重感覚は、触れる主体と触れられる客体に自己の身体が分裂し、両者が相互に反転することで成立する。加えて、二重感覚が進行する過程では、当初「触れる主体」として現れている「私」は、触れられる客体によって不意に感じ返され、「触れられる客体」に変化する。しかし不意に感じ返す側もまた自己の身体であるから、結局は「私が私を感じる」という反省の原型となる経験を生じさせるのである（この点の詳細は第5章で論じる）。したがって、触覚的身体の再帰的感覚に宿るのが前反省的なミニマル・セルフであるとすると、触覚的身体が自己に折り返す二重感覚とともに成立するのは「反省的自己」（リフレクティブ・セルフ）である。

ここで改めて、「脳の中の身体」のパラダイムを思い出して欲しい。これは、「自己の身体」の経験が成立するには、物理的次元での身体は必要なく、中枢神経系に表現されている身体表象だけがあればよいとする考え方であった。いまやこの考え方が不適切であることは明らかだろう。身体が身体として構成されるには、①物体として物理的次元において成立していることと、②それが触覚的な再帰的感覚を通じて「ここ」という宇宙の中の一点に局在化されることが必要なのである。幻肢であっても、局在化された「ここ」という感覚は生じるかもしれないが、それは、幻肢が最初から幻肢であったわけではなく、もともと習慣的行為として堆積された身体図式に組み込まれた物理的な腕や脚だったからである。

それだけではない。もしも全身が幻肢のような存在だったとすると、物理的次元に現れているケルパーがまったく存在しないため、二重感覚が成立する余地がなくなる。デカルトは「われ思う」という反省的意識とともに成立する自己を「われあり」として肯定しようとしたが、これは「脳の中の身体」には不可能な話である。ケルパーが再帰的感覚とともにライプとなり、ライプが触れる主体と触れられる客体とに分岐し、両者が転換する可能性を持たなければ、「われ思う」という反省がそもそも可能にならない。前反省的自己であれ、反省的自己であれ、およそ自己なるものは身体がなければ成立することはないのである。

注

（1）V・ラマチャンドラン＆S・ブレイクスリー、山下篤子（訳）（一九九九）『脳のなかの幽霊』角川書店、五二

（2）大東祥孝（一九八三）「身体図式」『講座・精神の科学４』岩波書店、二〇九―二三六

（3）Jensen, T. S., Krebs, B., Nielsen, J., & Rasmussen, P. (1983). Phantom limb, phantom pain and stump pain in amputees during the first 6 months following limb amputation. *Pain, 17,* 243–256.

（4）Carlen, P. L., Wall, P. D., Nadvorna, H., & Steinbach, T. (1978). Phantom limbs and related phenomena in recent traumatic amputations. *Neurology, 28,* 211.

（5）Penfield, W., & Rasmussen, T. (1950). *The cerebral cortex of man: A clinical study of localization of function.* New York, NY: Macmillan.

（6）Ramachandran, V. S., & Hirstein, W. (1998). The perception of phantom limbs. *Brain, 121,* 1603–1630.

（7）Kikkert, S., Kolasinski, J., Jbabdi, S., Tracey, I., Beckmann, C. F., Johansen-Berg, H., & Makin, T. R. (2016). Revealing the neural fingerprints of a missing hand. eLife, 5, e15292. DOI: 10.7554/eLife.15292.

（8）ラマチャンドラン＆ブレイクスリー、前掲書、九四―九五

（9）R・デカルト、所雄章（訳）（二〇〇一）「省察」『増補版デカルト著作集２』白水社（第六省察）

（10）Kooijman, C. M., Dijkstra, P. U., Geertzen, J. H. B., Elzinga, A., & van der Schans, C. P. (2000). Phantom pain and phantom sensations in upper limb amputees: An epidemiological study. *Pain, 87,* 33–41.

(11) Hill, A. (1999). Phantom limb pain: A review of the literature on attributes and potential mechanisms. *Journal of Pain and Symptom Management, 17,* 125–142.

(12) Flor, H., Nikolajsen, L., & Jensen, T. S. (2006). Phantom limb pain: A case of maladaptive CNS plasticity? *Nature Reviews Neuroscience, 7,* 873–881.

(13) Ramachandran, V. S., & Rogers-Ramachandran, D. (1996). Synaesthesia in phantom limbs induced with mirrors. *Proceeding of the royal society B, 263,* 377–386.

(14) Osumi, M., Sumitani, M., Wake, N., Sano, Y., Ichinose, A., Kumagaya, S., Kuniyoshi, Y., & Morioka, S. (2015). Structural movement representations of a phantom limb associated with phantom limb pain. *Neuroscience Letters, 605,* 7–11.

(15) Makin, T. R., Scholz, J., Filippini, N., Slater, D. H., Tracey, I., & Johansen-Berg, H. (2013). Phantom pain is associated with preserved structure and function in the former hand area. *Nature Communications, 4,* Article number: 1570.

(16) Ramachandran, & Rogers-Ramachandran, op. cit., p. 380.

(17) Garbarini, F., Bisio, A., Biggio, M., Pia, L., & Bove, M. (2018). Motor sequence learning and intermanual transfer with a phantom limb. *Cortex, 101,* 181–191.

(18) Raffin, E., Mattout, J., Reilly, K., & Giraux, P. (2012). Disentangling motor execution from motor imagery with the phantom limb. *Brain, 135,* 582–595.

(19) Tanaka, S. (2011). The notion of embodied knowledge. In P. Stenner et al. (Eds.), *Theoretical psychology: Global transformations and challenges* (pp. 149–157). Concord, Canada: Captus University Publications.

（20）Merleau-Ponty, M. (1945). *Phénoménologie de la perception.* Paris, France: Gallimard. (p. 123)

（21）Tomkins, S. S. (2008). *Affect imagery consciousness.* New York, NY: Springer. pp. 1141–1160.

（22）Merleau-Ponty, op. cit., pp. 87–105.

（23）M・ハイデガー、熊野純彦（訳）（二〇一三）『存在と時間（一）』岩波書店、二六四―二九四

（24）Merleau-Ponty, op. cit., p. 97.

（25）Szasz, T. (1988). *Pain and pleasure: A study of bodily feelings* (second expanded edition). Syracuse, NY: Syracuse University Press.

（26）秋本辰雄（一九八七）「シルダーと身体心像」P・シルダー『身体の心理学』星和書店、二〇四―二七七

（27）Melzack, R. (1990). Phantom limbs and the concept of a neuromatrix. *Trends in Neurosciences, 13,* 88–92.

（28）入來篤史（二〇〇四）『道具を使うサル』医学書院、二九―七九

（29）Rizzolatti, G., Scandolara, C., Matelli, M., & Gentilucci, M. (1981). Afferent properties of periarcuate neurons in macaque monkeys. II. Visual responses. *Behavioural Brain Research, 2,* 147–163.

（30）村田純一（二〇一九）『味わいの現象学――知覚経験のマルチモダリティ』ぷねうま舎、二三五―三〇二

（31）Gibson, J. J. (1962). Observations on active touch. *Psychological review, 69,* 477–491.

（32）Gibson, J. J. (1966). *The senses considered as perceptual systems.* London, UK: George Allen & Unwin. (p. 126)

（33）Simmel, M. L. (1962). The reality of phantom sensations. *Social Research, 29,* 337–356.

（34）Husserl, E. (1952). *Ideen zu einer reinen Phänomenologie und phänomenologischen Philosophie* (Zweites Buch). The Hague, Netherlands: Martinus Nijhoff. (pp. 143–161)

（35）Husserl, ibid., pp. 145–146.

（36）Husserl, ibid., p. 150.

（37） Merleau-Ponty, op. cit., p. 109.

第4章 行為でつながる自己と他者

1 「身」という言葉

「身体」という言葉を構成する一文字である「身（み）」は、その含意がきわめて興味深い。訓読みで「み」と読むと、それは物の中身や本体を意味するが、これは「みずから（自ら）」という言葉として表される「み」でもあって、自己や自分自身という意味も持つ。つまり、「み」という大和言葉は、身体と自己の結びつきを明確に示しているのである。興味深い点はさらに続く。「身」はもともと象形文字であり、古代においては図1のように表記されていたという。この図形は、もともと妊娠した

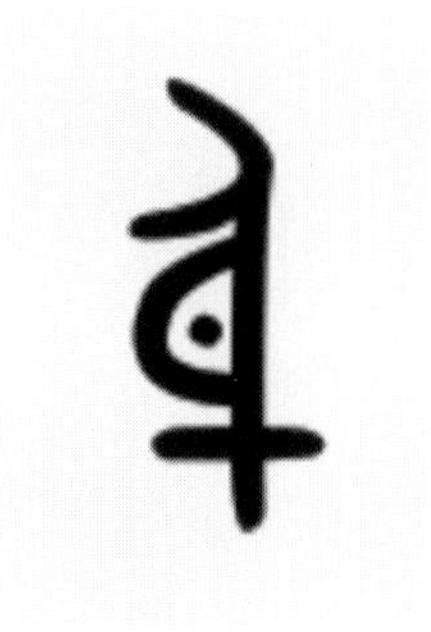

図1　古代文字の「身」（「字源」（jigen.net））

女性の姿をかたどったものと言われている。現在でも「身籠る（みごもる）」という言葉で表されるところの「身」である。

この象形文字についてはいろいろな解釈が可能であろうが、筆者がここで指摘しておきたいのは、ひとの「身体」を表現している当の文字が、老人や子どもや男性ではなく、女性、とりわけ妊婦の姿をかたどっているという点である。言うまでもなく、妊婦の際立った特徴は、その腹に次世代の生命である胎児を宿していることにある。この点において、妊婦の身体は他の属性を持つ身体とは違っている。妊婦の身体を借りて表現されているのは、世代を超えた生命の連続性と見ることもできるだろうし、母子関係に表現されるような、個体を超えたひととひとの絆と見ることもできるだろう。いずれにせよ、母親側から見れば、自己の一部として自己を超える生命体をその身体に内蔵しているということになるし、胎児側から見れば、自己が自己である由縁は母親から分け与えられた生命にあるということになる。

私たちは、身体について考えるとき、それをすでに出来上がった一個の成人の身体と重ね合わせてしまいがちである。しかし、「身」という文字を見ると、それが決して自明ではないことがよくわかる。身体はむしろ、個体を超えた関係性のうちにあり、母親に代表される他者との関係から切り離せないような、すぐれて社会的なあり方をしているのである。本書では、この章以降、他者との関係において経験される身体に焦点を移して議論を進める。「生きられた身体」は、環境との相互作用を通じて「身体化された自己」をそのつど駆動しているが、相互作用の舞台となる環境は、大抵の場合そこに他者を含んでいる。この意味で、身体はつねに他者との社会的関係のなかにあるし、「身体化された自己」も他者との相互作用をその存立の重要な契機としている。本章では、発達論的な観点に沿ってこの事実について確認したうえで、そのことが、ひとの他者経験にどのように影響するかを考察してみよう。

2　共鳴する身体

誕生の瞬間から、ひとの身体は、母親をはじめとする他者の身体を含む社会的環境の中に置かれている。生後間もない乳児が示す「新生児模倣」について知っている読者も多いだろう。発達心理学者のアンドリュー・メルツォフらが生後二—三週間の新生児を観察して見出した現象で、この時期の赤ちゃんに向かって大人が「舌を出す」「口を開く」「唇を突き出す」等の表情を目の前で見せると、赤ちゃんがそれを模倣するというものである。(1) その後の研究から、確実に観察できるのは「舌を出す」表情だけで、この表情は探索行動の一種とも解釈できるため、必ずしも模倣と考える必要はないとの指摘もある。(2) だがここでは、「舌を出す」という一点に限っても、他者と対面した状態で表情の模倣が成立している事実が重要である。というのも、新生児は「真似る」という意図を明確には持ち合わせていないだろうにもかかわらず、眼前に提示された他者の表情に共鳴してそれを反復してしまうことを示唆しているからである。

模倣よりゆるやかに「身体的な共鳴」という観点で見ると、他にも知られている事実がある。ウィリアム・コンドンらの古典的研究によると、新生児は、大人の発話パターンに沿って、頭・両手・両足をリズミカルに動かしつつ応答するような動作を示す[3]。こうした身体間の共鳴は、シンクロニー等の名称で一九七〇年代に先駆的な研究が多くなされているが、これらを全般的に展望した論文でも、言語的な会話に先行する乳児と大人の身体的相互作用が、発声と身体運動のあいだだけでなく、発声と発声、発声と視線、身体運動と身体運動のあいだで認められると指摘されている[4]。近年では、発達心理学者コルウィン・トレヴァーセンのグループが、発達初期の母子間で展開される言語以前の会話的関係について、そこに現れるリズムや情動的トーンの音楽的な性質を強調して「コミュニカティヴな音楽性（communicative musicality）」という鍵概念とともに研究を展開している[5]。

ところで、この種の共鳴で生じているのは、物体の知覚の場合よりもずっとはっきりした、知覚と行為の循環的関係である。生まれて間もない乳児においても、他者の身体が発する表情や声や動きを知覚することは、それに何らかのしかたで応じるようなコミュニカティヴな行為を引き起こすのである。もちろん、乳児がそのような行為を発するのを知覚すれば、母親や養育者なら声かけや接触のような何らかの応答的行為を返すだろう。そして今度は、それを知覚した乳児がさらに応答的行為を返すことになる。大人どうしのように言葉やジェスチャーの意味を認知する作業は含まれないものの、他者の身体は、発達のそもそもの最初から、それに応答する行為を誘発するような何かとして現れてくるのである。他者身体の知覚は、物体の知覚よりもずっと強く行為に結びついている。

第1章で触れた通り、ギブソンは、物体や環境に備わる性質から何らかの行為可能性が知覚される場面を指して「アフォーダンス」という概念を用いている。[6] 一定の高さと硬さを備えている面は、そこに座ることをアフォードするし、一定の太さと長さを備えている棒は、それを握るとか振るといった行為をアフォードするだろう。同じアフォーダンスという観点から身体の知覚を考えてみると、他者の身体や、他者の身体が発する行為もまた、それを知覚する自己に対して、さまざまな応答的行為をアフォードする。しかも、物体を知覚する場合よりもさらにはっきりとしたしかたで、何らかの応答的行為をアフォードするのである。他者の声、他者の表情、他者の動作などは、何らかの応答的行為を引き出すようなアフォーダンスを備えている。これは、発話やジェスチャーとしてはっきりした意味を認知できるようになる以前からそうなのである。他者の身体の知覚にともなうこれらのアフォーダンスは、言語的なものの知覚にともなうアフォーダンスと合わせて「社会的アフォーダンス（social affordances）」と呼ばれる。[7] ひとは誕生の瞬間から、社会的アフォーダンスの海へと投げ込まれている存在なのである。

社会的アフォーダンスを介して結ばれた自己の身体と他者の身体の関係について明確な見通しを与えてくれる概念が、メルロ＝ポンティの言う「間身体性（intercorporéité）」である。間身体性は、自己の身体と他者の身体のあいだに潜在する相互的関係性である。それはたとえば、子どもが満面の笑み

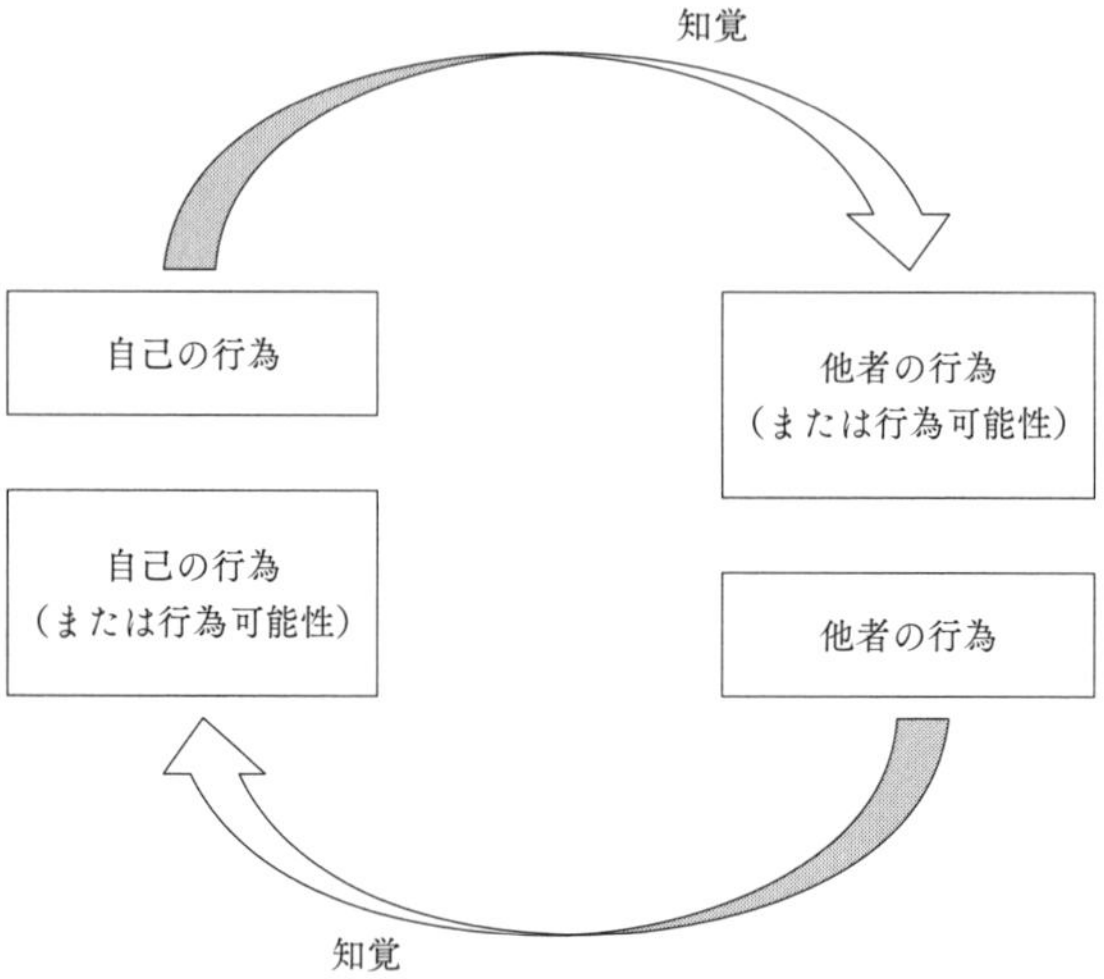

図 2　間身体性の構造（Tanaka, S. (2015). Intercorporeality as a theory of social cognition. *Theory & Psychology, 25,* 463）

を浮かべているのを見て思わず自分の頬が緩むのを感じたり、自分があくびをしたのにつられて友人があくびをする場面で顕在化する。これらの例では、他者の行為を知覚することが、自己の身体において同じ行為（またはその可能性）を喚起し、逆に、自己の行為を知覚した他者が、その身体で同じ行為（またはその可能性）を誘発されている。このように、間身体性とは、自他の身体間において知覚と行為（あるいは行為可能性）が循環的に連鎖することを通じて表出するような相互的関係性を指す。

　乳児と大人の共鳴的な応答が示しているように、間身体性は、あくびや笑顔など、自他間で同一の行為を通じてのみ顕在化するわけではない。社会的アフォーダンスが示している通り、他者の行為の知覚がそれに応答する別の行為を引き起こす場合もある。一般的な会話にともなう非言語的コミュニケーションでは、むしろそのほうが多く見られるだろう。たとえば、話し手が声をひそめて話し始めたのに応じて、聞き手が自然と聞き耳を立てつつ上体を近づける、といったようにである。この点に関連して重要なのは、誕生直後はたんにランダムに応答しているだけに見える身体間の共鳴が、その後、相手の意図に沿った応答へと変化していくことである。乳児は生後一〇—一一カ月になると、連続的な動きを見ても、そこで実現されている「物をつかむ」「落とした物を拾う」といった個別の行為の意図に沿って分節しつつ他者を知覚できるようになる[8]。メルツォフが一八カ月児を対象に行った実験では、二つのブロックをうまく引き離せた場面を観察した場合も、引き離せなかった場面を観察した場合も、幼児はその行為の意図に反応して、ブロックを引き離す模倣的再現を行う（意図を無視して、引き離せない場面それ自体を模倣することはない[9]）。興味深いことに、メルロ＝ポンティも、みずからが観察した一五カ月児の例を引き合いに出して次のように述べている。

一五カ月の赤ちゃんは、私がふざけて彼の指を口に持っていって噛むふりをすると、自分の口を開く。とはいえ、彼は自分の顔を鏡で見たことはほとんどないし、彼の歯が私の歯に似ているわけでもない。（中略）「噛むこと」は即座に間主観的な意味を彼にとって持つのである。彼は、自分自身の「噛むという」意図をその身体において知覚し、私の身体をみずからの身体とともに知覚する。そうして、私の「噛むという」意図を彼の身体において知覚するのである[10]。

赤ちゃんは、他者の顔や口の配置が、自分の顔や口の配置と空間的に対応していることを視覚的に理解できているわけではない。新生児模倣の場合と同様に、視覚的に提示された他者の顔を、固有感覚的に知覚できる自己の顔に即座に置き換えている。その種の間モダリティ的能力の延長で、「噛む」という行為を共鳴的に反復することで、眼前の大人が自分の手をくわえて噛もうとしているという意図を直感的に理解している。新生児模倣が示していたように、誕生直後の乳児はすでに、その身体において共鳴的に他者の表情を反復する能力を持っている。注目すべきなのは、この能力が、後の発達過程において、他者の身体運動を物や環境へはたらきかける具体的行為として知覚するさい、その行為にともなう意図を把握するための身体的基盤として作用している点である。

こうして、生後一年程度のきわめて早い段階で、乳児と大人の身体的な相互作用は、身体運動レベルでの単純な共鳴に近いものから、間主観的に共有される行為の意図を介した相互行為へと幅を広げていく。行為の意図が共有されるようになると、たとえば、「ボールを渡す→ボールを受け取る」といったように、ある行為と、その行為の意図に応じる応答行為の循環を通じて、言語的意味ほど高度ではないものの、明確な意味のあるコミュニケーションが成立する。間身体性は、行為（アクション）と応答行為（リアクション）の循環として展開するようになるのである。

3　他者の心の問題

ここで、「他者の心の問題（the problem of other minds）」について簡単に触れておく必要があるだろう。もともとメルロ＝ポンティが間身体性の概念を提案した背景には、他者の心的状態を理解することについての鋭い問題提起が含まれていたからである。私たちは日常生活のさまざまな場面で、他人の考えていることがわからないと感じることもあるし、逆に他人の気持ちがとてもよくわかるように感じることもある。だが、そもそも、「どのようにして他者の心を理解しているのか？」とその一般的な方法について問われたとしても、簡単には答えられないだろう。自分の心ならともかく、他者の心に直接アクセスできる方法などなさそうに思えるのではないだろうか（詳細は別の拙著を参照されたい[11]）。

二〇世紀初頭の哲学では「類推説」という立場が有力だったが、現在の認知科学では「心の理論（theory of mind）」という能力を仮定することでこの問いに答えるのが一般的である。心の理論とは、他者の心的状態や行動について、他者の知覚や欲望や信念について推論しつつ理解する能力のことである[12]。心の理論はもともと、霊長類研究者のデヴィッド・プレマックとガイ・ウッドラフが、チンパンジーを対象として実施した実験にもとづいて提唱した[13]。チンパンジーが物体の位置や運動、原因と結果など、物理的諸関係を理解していることの延長で他個体の行動を理解しているという見方に沿って、心の理論は自然科学的な法則性に類するものとして構想された。それは第一に、直接的に観察可能なものをとらえるのではない。観察可能な自然現象を超えて科学的法則を理論的に理解するのと同様に、目に見える他者の行動から、その行動を導く内的法則を理論的に理解する能力である。第二に、科学的法則に沿ってこれから起こる自然現象を予測するのと同様に、他者がこれからどのような行動を取るかを推論する能力である。

より具体的には、心の理論は次のような要因によって成り立っている。（a）知覚：他者は何を見聞きしており、何を見聞きしていないのか。（b）信念：他者は世界についてどのようなことを知っており、どのようなことを知らないのか。（c）欲求：他者は何を欲しているのか。（d）目標：他者は何を実現したいと考えているのか。心の理論は、これら個々の要因について推測しつつ、現在の他者の心的状態、これから表出すると予想される他者の行動、あるいはすでに生じた他者の行動の背後にあった動機、などについて総合的に推論する能力を指す。なお、発達心理学者のジャネット・アスティントンがこれらの要因の諸関係をさらに細かく図3のように整理している。

一見すると体系的に図示されているように見えるかもしれないが、心の理論という概念が主張する「理論」は実際にはかなりあいまいである。引用した図にしても、厳密な科学的検証にもとづく裏づけがあるわけではなく（もちろん部分的に各種の実験が試みられているが）、乳幼児の一般的な発達過程に沿って、また、私たちの社会的実践に沿って理解できる範囲で、心の機能を図示したものにすぎない。その意味で、心の理論における「理論」とは、心について社会的に共有されている常識的なモデルを図式的に整理したもののことであり、いわゆる「素朴心理学（folk psychology）」と呼ばれるものの域

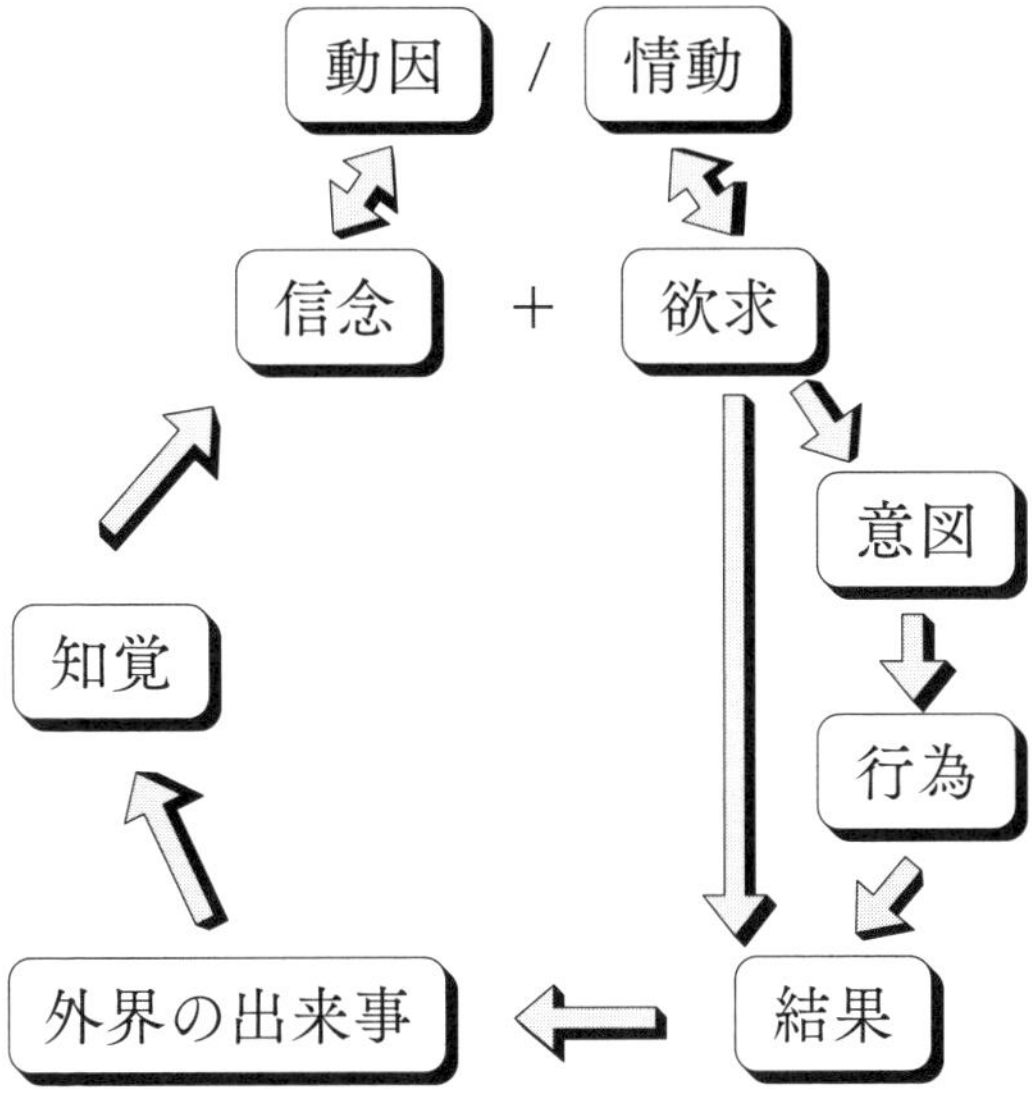

図３　心の理論（J・アスティントン，松村暢隆（訳）（1995）『子供はどのように心を発見するか――心の理論の発達心理学』新曜社，105）

を出ない。

このように、心の理論を用いることは、社会的な常識に即して推論を重ねることで他者を理解するということを意味する。しかしその一方で、そもそも私たちが実践している他者理解は理論的推論だけに限られるわけではなく、むしろこれとは違ったしかたで生じているのではないか、という批判もある。この代案は「シミュレーション説」と呼ばれる。シミュレーション説は、ひとが他者の心的状態を理解する場面では、「他者の立場に身を置く（putting oneself in other's shoes）」とか、相手になったふりをするといったように、他者の心についてシミュレーション（模擬）を行っているという。[14][15] 日本語で言えば

「相手の身になる」というのがこれに近い。他者の立場に自分を置いたつもりで、その相手がどんなことを見聞きし、感じ、考えているのかを自分なりに想像し、その結果を相手に投影することで、私たちは他者の心的状態を理解しているということである。

シミュレーション説が登場したことで、当初の「心の理論」をめぐる議論は「理論説」として相対化され、理論説とシミュレーション説のあいだで一九九〇年代以降に論争が展開されたが、明確な決着はついていない。むしろ、脳研究の発展と論争の時期が重なったことで神経科学的な観点がここに持ち込まれることになり、双方が自分たちの立場を擁護する議論を脳研究から引き出すことで、論点がさまざまに分岐していったように見える。たとえば、理論説を自閉症研究との関連で追究したサイモン・バロン＝コーエンは、脳機能とも対応する四つの下位モジュール（意図検出器、視線検出器、共有注意の機構、心の理論の機構）からなる心の理論メカニズム（ＴｏＭＭ）を想定している。(16) 他方、シミュレーション説を擁護するアルヴィン・ゴールドマンらは、他者の運動を知覚したときに自己の運動と同様の反応を示すミラーニューロンの機能を、神経系による暗黙のシミュレーションとみなしている。(17)

ここで着目しておきたいのは、理論説とシミュレーション説がともに見落としている論点である。理論説は、私たちの他者理解が、自己にも他者にも該当する常識的な理論に即した推論にもとづくものだと主張する。つまり、自己にも他者にも当てはまる、いわば客観的で三人称的な心のモデルを参照することで、他者理解が可能になると考えている。他方、シミュレーション説では、こうした理論的知識を重視しないし、それが必要であるとも考えない。私たちは誰もが過去の経験にもとづいてさまざまな心的状態を経験しており、それに由来する心のモデルを自己の内部に保持している。他者を理解するうえで重要なのは、自己の心をモデルとして利用し、相手になったふりをして実践的な推論をしてみることである。理論説と比べて、シミュレーション説は主観的で一人称的な心のモデルを採用している。ただし問題は、どちらの説でも、他者の心に直接アクセスできるとは前提していないことである。そうした直接的なアクセスが不可能だからこそ、自己の心と他者の心を架橋する特別なルートとして「理論」や「シミュレーション」による媒介が必要になると想定されているのである(18)。

すでに見た通り、私たちは発達の過程で、身体的な相互行為を通じて、他者の行為の意図を把握できるようになっていく。言い換えると、行為の意図という他者の心的状態は、自己自身の感覚運動的能力を礎として、直接知覚することができるのである。もちろん、だからといって他者の心的状態のすべてにアクセスできることにはならないが、少なくとも、自己の心と他者の心は、二人称的な身体的相互行為を通じて、意図を直接的に共有する間主観的次元に根を下ろしている。他者の心の問題は、心は身体の背後に隠れていて直接にはアクセスできないとする暗黙の前提を外して考える必要がある。これこそ、メルロ＝ポンティが間身体性の概念とともに、心の理論が登場するずっと以前から指摘していた論点に他ならない。以下は彼の「幼児の対人関係」という講義録からの引用である。

心理作用は本人にしかアクセスできないものであって、私の心理作用は私にしかアクセスできず、周囲にそれが見えることはない、という根源的な先入見を捨て去らねばならない。私の「心理作用」は、厳密にそれ自身に閉ざされていて「他者」にはまったく理解できない一連の「意識状態」ではない。私の意識はまず世界へと差し向けられており、また物へと差し向けられており、何よりも世界と関係づけられている。他者の意識もまた、何よりもまず、世界へと向かって行動するひとつのしかたなのである。(19)

私にとって他者の意識は、何よりもまず、世界に関係づけられた具体的な行為として現れる。コップに向かって手を伸ばす行為を他者が見せれば、コップに入っている飲み物を飲もうとする意図をそこに私は知覚する。テレビの画面を見ながら笑っているとすれば、それを楽しさや面白さという感情として私は知覚する。ショーン・ギャラガーが直接知覚説として展開しているように、特定の行為にともなう意図や感情といった心的状態は、日々の社会的実践のなかで直接に知覚できるのであって、知覚できない内的領域に囲い込まれているわけでは決してないのである。(20)

私たちは暗黙のうちに、他者の心は、身体の背後に隠れていて、それを直接知覚することができないという先入見に陥りがちである。しかし、もともと他者の身体は対象へと差し向けられた行為として現れてくるため、それが一定の意図を備えた存在であることを私たちは最初から知っている。私たちが陥りがちな、内部に隠れた心が身体を通じて間接的に表出するという見方は、心身二元論を他者へと拡張する悪しき前提である。ここで試みるべきことは、こうした前提を廃棄したうえで、「他者の心の問題」ではなく心身を統合した「他者問題」として仕切り直すこと、またそのうえで、他者を理解することがどういうことであるのか、身体的相互行為から出発して記述し直すことである。

4　自己と他者のあいだ

では、心身二元論の前提を離れて、「他者の心の問題」を仕切り直してみよう。すでに見てきた通り、私たちが日常生活のなかで経験する他者との二人称的な相互作用（interaction）は、それが行為と応答行為を通じて展開する相互行為（interaction）を基礎としていることに大きな特徴がある。参考として、発話能力がいまだ十分でない乳幼児とやり取りする場面を思い浮かべるといい。子どもがどこかを指差せば、私はそちらの方向を見るだろう。私がお菓子を差し出せば、子どもはそれを受け取るだろう。私が遠くのコップに手を伸ばして届かないふりをすれば、子どもはそれを取って渡してくれるかもしれない。互いに言葉を発しなかったとしても、私たちは他者の身体の挙動を見るだけで、その相手の行為の意図を即座に理解しているし、その意図に応じて応答行為を取っている。つまり、もっとも基本的な他者理解は、他者が、ある意図を持った行為の主体として現れてくることに由来するのである。この点とならんで、次の二つの特徴を指摘しておくことができる。[21]

第一に、日常的な状況で出会う他者は、目に見えない「内面」と目に見える「外面」のように、はっきり分離されたしかたで自己に対して現れてはこないということ。他者の笑顔はそのまま喜びとして、頬をつたう涙は悲しみとして、私には感じられる。その笑顔や涙が差し向けられた対象がわかっていればなおさら、そうした他者の身体表現がそのまま感情を表していることが知覚できるのであって、身体表現の向こう側に、それとは区別される「内面」や「心的領域」を類推しているわけではない。

もちろん、こう述べたからといって、他者の心が身体の背後に隠れている場合がまったくないと主張しているのではない。相手が嘘をついている場合や、本音を隠そうとしている場合では、心は一時的に隠れている。だが、河野哲也が指摘しているように、このことは、原理上つねに他者の心が身体の背後に「内面」として分離して存在するということを意味するわけではない[22]。私たちは心を「内面」としてとらえることに慣れすぎてしまっていて、他者の心がもともと身体の背後に隠れていると想定してしまうが、そうではない。他者の心は場合によって身体の背後に隠れることがあるだけで、原理上は、身体とともに現れているのである。メルロ＝ポンティとともに確認した通り、私たちの日常の社会的実践は、他者の心と身体を二元的に分離する地点から始まってはいない。

第二に、相互行為における他者の行為は、それ自体で単独に生じてくるわけではない。自己と他者は一定の社会的環境を共有しており、それを共通の文脈として利用することで、相互行為を行っている（第6章を参照）。メルロ＝ポンティも他者の意識が世界へと関係づけられていることを強調していた通り、他者の行為はつねに社会的環境としての世界のなかに埋め込まれている。単純な例をあげよう。遠くを見つめている他者の姿だけを単独で見たとしても、その人物の知覚世界は私には想像がつかない。だが、それが「バス停で列をなす人々」という社会的文脈に埋め込まれたものとして与えられれば、その人はバスを待っていて、バスが来るかどうかを気にしている、という心的状態をそこに即座に感じ取ることができるだろう。

つまり、相互作用の相手方である他者は、決して心と身体のみで出現するわけではなく、社会的環境（さらに言えば世界）を背景として現れる。自己もまたその社会的環境に置かれており、相互行為が形成する文脈上で相手を知覚しているため、自己にとって他者の行為は、共有可能な意味のあるものとして理解できるということなのである。認知科学ではしばしば他者理解を「社会的認知」の一種に数えるが、ここでの「社会的」という言葉の意味は、自他関係の社会性という意味だけではなく、社会的文脈としての環境を含めて考えるべきである。

さて、以上三つの特徴を備えつつ、ひとは他者の行為の意図やそこに表出されている感情に自然に応答しながら、行為と応答行為の循環として二人称の相互行為を展開していく。一方が何かを指差す↓他方がそれを追視する、一方が物を手渡す↓他方がそれを受け取る、一方が何かを見て表情を曇らせる↓他方がそれにつられて表情を曇らせる、等の種々の身体的相互行為が展開することで、自己と他者とのあいだで特定の文脈が形成され、その文脈のなかで言語的なメッセージが会話を通じてやり取りされる。もちろん、言語を介した会話の場合も、いわゆる非言語的コミュニケーションとして知られる身体レベルのシグナルが多々含まれている。発話と沈黙のタイミング、うなずき、ジェスチャーを用いた発話の強調、会話時の身体の向きや身体間距離、アイコンタクト等である。これらもまた、言語的なメッセージのやり取りを水面下で支える重要な文脈を形成する。会話では、言語的メッセージと相互行為の文脈の不一致や食い違いもときおり経験される。他者の言葉の意味が額面通りには理解できてもどことなく釈然としない感じが残ったり、相手が本音を語っていないと感じられたりすることもあるだろう。こうした経験は、身体レベルの相互行為と言語レベルの相互作用との微妙な齟齬を反映している。

言葉の問題は後で取り上げることにして、自己と他者の二人称的な身体的相互行為が何を生み出すのかを確認しておこう。トーマス・フックスとハンネ・デ・イェーガーは、身体的相互行為が噛み合って進んでいくことで自他のあいだで共有されるものを「エナクティヴな間主観性」と呼んで次のように記述している。

二人の個人がこのようなしかたで相互行為をするとき、身体動作、発声、ジェスチャー、視線などが協調するが、その協調が個人の意図を越えて共通の意味創発するような瞬間に至る。このプロセスはシステムのレベルでは、社会的相互行為がそれ自体の自律性を獲得することとして記述されてきた。現象学的に言うと、これは、プロセスがそれ自身の「重心」を獲得することとして経験されるだろう。すなわち、「あいだ（in-between）」が、二人のパートナーの作動しつつある志向性の源泉となるのである。それぞれが、プロセスの外にいるときにそうするのとは異なるしかたで行動しまた経験し、二人のどちらかに必ずしも帰属させえないしかたで意味が共同創造される。[23]

記述がやや抽象的だが、具体例として、キャッチボールやテニスのラリーを思い浮かべるとわかりやすい。これらのやり取りでは、それが続いているあいだ、どちらか一方の意図だけで相互行為のプロセスを制御できない。自分が望む通りに相手が動いてくれるわけではないからだ。しかし、互いにやり取りを続けようとする意志があれば、相手が対応できそうな範囲にボールの軌道を調整し、自己の側でボールを止めずに一定の時間感覚でそれを相手へと返すことになる。このプロセスはパートナーの能力に制約されるため、互いに、異なる人物を相手にする場合とは違ったしかたで相互行為を続けざるをえない。そして、このような状態で相互行為が噛み合って進行するとき、自己と他者の「あいだ」のプロセスが自律的に展開し始めるのである。言い換えると、自己と他者という二つの項を持つひとつのシステムが創発するということであり、システムに特有の「重心」との関係で、自己と他者のそのつどの行為が生じてくる。つまり、プロセスを円滑に進めるような行為へと一定の制約がかかった状態で二者が行為を継続するようになるのである。

なお、このような状態は、基本的には自己と他者が一定の対人協調（interpersonal coordination）を保ちながら相互行為を形成している状態であるが、個別の行為がつねに協調的なものになるとは限らない。ボールのやり取りの例でも、相手のリズミカルな動作を崩すようにタイミングをずらしてみたり、相手が対応できるかどうかぎりぎりの場所にボールを返してみたり、相手に拮抗するような行為も生じうる。つまり、全体として相互行為のプロセスが一定の自律性を獲得しているとしても、そこには、相手と単純に同調するだけでなく、対抗したり、プロセスを支配しようとしたり、従属に甘んじたり、相手に応酬したり、といった種々の駆け引きが含まれるのである。そして、この種の駆け引きに含まれる相手の意図は、間主観的に十分に了解できる。私たちは、相手の行為にともなう意図を直接に知覚できるからである。

5 「あいだ」で何が生じるのか

フックスらも指摘している通り、自己と他者を二つの項とするシステムが創発してくるさい、自己と他者の「あいだ」で生じていることが決定的な鍵を握っている。この点について、現象学的な観点からより詳細に検討しておこう。精神科医の木村敏が、かねてから「あいだ」の概念を現象学的に考察し、間主観性をその発生状態においてとらえるものとして展開している。彼の著作『あいだ』での議論を主に参照しながら、ここでの考察を進めてみよう(24)。

木村はそもそも、間主観性だけでなく、ひとの主体性（あるいは主観性）をとらえる概念として「あいだ」を位置づけている。ここで言う「あいだ」とは、さしあたり、生命有機体と環境とのあいだである。「心」と呼ばれるような主観的意識経験があるかどうかにかかわらず、生物であれば必ず何らかのしかたで環境との相互作用を行っているが、「あいだ」はそうした相互作用の場である。有機体を取り巻く環境は、天候や地形のような自然環境もそうだし、群れや異種生物などの社会環境もそうだが、リアルタイムに変化し続けている。それに対して、有機体は、そうした変化に適切に対処する行動をそのつど取ることによって、自己自身の主体性を保持し続けている。環境の変化に対処できなければ、最悪の場合、有機体は死んでしまうことになる。

木村が着目するのは、最初から個的な主体として形成された有機体が周囲の環境と相互作用を行う場面ではなく、相互作用そのものを通じて主体が主体として成立してくる場面である。この場面を、木村は生理学者ヴィクトール・フォン・ヴァイツゼッカーの議論に依拠しながら、知覚と運動の円環的なからみあい（「ゲシュタルトクライス」）としてとらえている。[25] すなわち、ギブソンが行為可能性として知覚を理解したのと同様に、有機体が知覚するものはその運動機能の一種であり、逆に有機体の運動のしかたは、それが知覚するものの機能の一種である、という見方に立つのである。たとえば、転がるボールをつかもうとして運動する手は、その速度や開き具合などを通じて、これからつかもうとする対象の触覚的な感覚内容を予期している。その一方、ボールの丸さや大きさの知覚はこれに対応して、それをつかもうとして伸びていく手の運動を導いている。こうして、有機体と環境は、そのつど、知覚と運動の表裏一体にからみあった関係を通じて、互いを共同構成するような関係にある。

このような木村およびヴァイツゼッカーの見方は、アフォーダンスの概念を通じて行為可能性から知覚をとらえようとしたギブソンの生態心理学の発想にももちろん近く、現在のエナクティヴィズムの源流にある見方のひとつと考えてよい（残念ながら英語圏では広く知られていないが）。また、環境との出会いの場面で知覚と運動がからみあうことを生命的主体の成立に重ね合わせて見ている点で、「身体化された自己」の発想とも連続的である。加えて、主体性と自己の起源を環境との相互作用に見て取るのであれば、それはおのずと、社会的環境における他者との出会いについても、主体性と自己が刷新される場面としてとらえることになる。こうして、メルロ＝ポンティの間身体性や、フックスらのエナクティヴな間主観性にも自然とつながってくる。

ここで取り上げておきたいのは、木村が音楽の合奏の経験を題材としながら、他者との社会的相互作用を通じて「あいだ」がどのように経験されるかを比較的詳しく記述している箇所である。個別の演奏者は、瞬間ごとに演奏行為を通じて音楽を作り出しつつ、演奏された音楽をみずから聞き、これから演奏すべき音を予期しながら演奏に一定の方向性を与える。現象学の時間論で言えば、これらそれぞれの契機が「現印象」「(過去)把持」「(未来)予持」に対応する。知覚と運動のからみあいは演奏でも生じていて、音楽を作り出す身体運動の細部が次に鳴るであろう音を予期していると同時に、次に聞こえてくるであろう音がそれを生み出す身体運動の細部を導いている。ある楽曲を演奏している瞬間、ピアノを弾いている演奏家の手を想像するといい。ここでは鍵盤の知覚と両手の運動のからみあいが、瞬間ごとに美しく鳴り響く音楽を生み出している。演奏する主体と、演奏によって生み出される音楽とは、有機体と環境の関係と同じように、知覚と運動のからみあいを通じて互いを共同構成するような関係にある。

複数の主体が音楽を生み出す合奏では、「あいだ」における知覚と運動のからみあいが重ね合わされる。木村によると、理想的な状態での合奏は、個別の演奏者がそれぞれ楽譜に忠実な演奏をしてそれらを重ね合わせるのではないし、指導的な演奏者に対して各演奏者がそれぞれのパートを合わせていくというのでもない。むしろ、各自がそれぞれ自発的に演奏しながらも、それがごく自然にまとまった合奏になるような経験であるという。このような経験では、個別の演奏者は自己の作り出した音楽を聞いているのではなく、合奏された音楽の全体をあたかも自己が作り出した音楽であるかのように聞きつつ、音楽を作り出す次の演奏行為につなげている。いわば、すべての個別の演奏者がそこから「等距離」にあるような場所で、知覚と運動のからみあいを経験しているのである。

この記述は、先にフックスらが指摘していた、身体的相互行為が自律的なプロセスを生み出し、それ自身の「重心」を持ち、「あいだ」が二人の作動的志向性の源泉になるという指摘によく合致する。つまり、個別の主体がそれを知覚し、それへと向かって運動する「あいだ」が、音楽の合奏のように高度に嚙み合った身体的相互作用の場合には、各人の主観的経験として「内部」にあるかのように経験されると同時に、各人の「外部」としての間主観的なあいだの空間にあるかのようにも経験されるということである。このような合奏で生じるきわめてダイナミックな経験を、木村は次のように記述している。

このようにして、そこに参加する各人の内部であると同時に外部でもある「あいだ」の虚空間で鳴っている音楽は、もはや演奏者各自の個人的な意志を超えて自律性を獲得した固有の有機的生命をもっている。[26]

合奏においてはそこで鳴っている音楽の全体が、各自の個別的な意志から独立した自己生産的な自律性をもってしまって、それ自身の（「虚の」）ノエシス的な志向性によって次に来るべき音を勝手に「予想」し、各奏者はこの「予想」を実現するような形でその後を追っているという趣がある。[27]

これは重要な指摘である。複数の個人が身体的相互行為を重ね、それが一定の運動的リズムと情動的メロディのもとで噛み合い、合奏として音楽を生み出していく場面では、全員が生み出したプロセスそのものが一定の生命的な自律性を獲得する。それだけでなく、それが一定の自律性を持つということは、次に鳴り響くべき音が全員の「あいだ」で進行するプロセスの側からいわば予期的に与えられ、それを実現するかのようなしかたで個人がふるまい始めるのである。相互行為のプロセスが自律性を獲得するとは、次の瞬間へと向かって相互行為が自発的に展開していくということであり、そこに参加する個人がプロセスの展開から割り当てられる役割を演じるようにふるまい始めるということである。木村は、間主観的な「あいだ（間）」に備わる、時間的に展開する自己産出的な機能を「ま（間）」と呼び替えている。端的に言うと、十分に「間が合う」状態で展開される合奏においては、音楽のプロセスを通じて次に鳴るべき音を各演奏者が予期的に共有しており、それを生み出すようなしかたで各自が演奏に参加しているということである。

このような経験は、合奏のようにやや特殊な場面を離れても、類似する例を多く見つけることができるように思われる。たとえば、サッカーやバスケットボールのようにグループでボールを回しながらプレーする経験。お互いのプレーが嚙み合ってくると、ディフェンスとオフェンスの切り替えを間髪入れず全員で共有できるようになったり、次の瞬間にパスが出される方向が暗黙に共有されていて、パスをもらうプレイヤーがその場所に向かって正確に走り始めていたりする。また、相互行為プロセスがこのような自律性を帯びている場面では、次の展開についての予測が高度に共有されているため、そうした予測を超えたり外したりするプレーについては、チームの全員が驚きや喜びや落胆の感情を共有することになる。

合奏の経験に範例（パラダイム）となる特徴があるとすれば、音楽が特有のアフォーダンスを備えている点であろう。哲学者のジョエル・クルーガーは、音楽が、それを聞く者に対して、情動性を帯びた身体運動とともに共鳴する独特のアフォーダンスを備えていると指摘している(28)。音楽はしばしば、メロディとともに私たちの情動を揺り動かし、リズムに同期して身体を動かすことをアフォードする。その最たる例がダンスである。合奏の経験は、各演奏主体のあいだで一定の情動を共有しつつ、お互いに同期しながら相互作用を重ねていくという点において、範例的な特徴を持っている。

重要なのは、このような関係がもともと、自己と他者の相互行為に由来しているということである。行為に根ざしたものであるからこそ、そこには木村が合奏を典型として描いているような知覚と運動のからみあいがある。また、それが自他の「あいだ」で共有されるような「間合い」を保っている限り、次に来るべき他者の運動や自己の運動が十分に予期できるような関係が維持されるということである。もちろん、実際の相互行為プロセスが予期された通りに必ず進むわけではないものの、その予期の幅で自己と他者が安定して次の行為ができ、相互行為が一定の自律性を保って展開される。

6 他者を理解するとは

以上のことを、より一般的な社会的認知の場面に沿って考え直してみよう。自己と他者の身体的な相互行為は、各種の身体運動のやり取りや、非言語的なシグナルのやり取りを重ねるうちに「間が合った」状態を生じさせるようになると、自己と他者を下位の項とするような全体的なシステムが創発する。自己と他者を包括するひとつの「場」が成立すると言い換えてもいい。ある場にはそれ特有の自律性があるため、自己や他者のふるまい方は、場の外にいるときとは違ったしかたで拘束されることになるし、その拘束がはたらいているあいだは、場に参加するメンバーのふるまい方は十分に予期できる。とはいえ、予期されたふるまいと現実のふるまいがつねに一致するとは限らない。そこで、場に参加する個別メンバーのふるまいは、場の展開から見て「期待された行為かどうか」「予測された行為かどうか」「自然な行為かどうか」といった性質とともに知覚できるようになる。これは、言い換えると、他者の身体を知覚するだけでなく、それを一定の性質とともに判断・評価させるような

「基準系」が自他を包括するシステムのレベルで成立しているということである。これまでの自他のやり取りのパターンが、ある標準的な状態、一種の正常（ノーマル）な状態を生み出し、それが他者の行為を評価する規範（ノーム）として機能する、といってもよい。(29)

補足すると、ここで言う規範は、自己と他者がともに参加している社会や文化が備えている規範のことではない。そうではなく、それは、自己と他者の身体的相互作用からボトムアップに創出される規範的なものであり、より正確には規範性（ノーマティビティ）と呼ぶべきものである。身体はもともと、一定の環境のもとで繰り返し知覚経験を重ねることで、そこにノーマルな状態を生み出し、新しい環境を特定の性質とともに評価するような身体図式の機能を備えている。たとえば、一定の照明のもとで作業することが自分にとってノーマルな状態になっていると、別の部屋で作業しようとするとそれが「明るすぎる」「暗すぎる」と感じ分けることができる。これは、知覚経験の背後で、身体と環境とのあいだに定立された規範性が作用しているからである。ここで論じているのは、この種の規範性が、他者との相互作用においても形成されるということである。

以上を考えるうえで有益な実験をひとつ紹介しておこう。「スティル・フェイス（静かな顔）」と呼ばれる古典的実験である。発達心理学者のエドワード・トロニックが始めたもので、一歳の赤ちゃんと母親との相互行為を題材にしたものである。(30)実験ではまず、母親と赤ちゃんが向かい合って座り、楽しく遊ぶよう求められる。やり取りが進んで遊びの場が成立したところで、実験者が指示を出し、母親の表情を静止させ、発声や身体運動も一切やめさせる。このときの表情はニュートラルなもので、怒ったり笑ったり、特定の情動を表出する顔にはしない。この状態を母親が維持すると、赤ちゃんはすぐに異変に気づき、母親の注意を取り戻そうと躍起になる。微笑みかける、指差しをして注意を向けようとする、両手を母親に向かって伸ばす、手をたたく、声を荒げる、など。それでも母親が反応しないので、赤ちゃんはやがて泣き出してしまう。

この実験では、赤ちゃんと母親とのあいだで、相互作用の場が一定の自律性を持って展開している。遊びの「場」が成立しており、母親が赤ちゃんに対して注意を向け、楽しく遊び相手をすることが標準的でノーマルであるような状態が成立しているのである。こうなると、赤ちゃんにとっては、母親が遊びに応じてくれるのが予期される行為になるのであって、表情が静止して身体が動かない状態というのは、場のノーマルな状態からして理解できない。むしろ、場にとって自然な状態に母親を戻そうとして必死になるのである。

自己と他者のあいだで相互行為の場がいちど成立すると、その場が規範性を持ち、自己が他者の行為を知覚するとき、逆に他者が自己の行為を知覚するとき、その行為が場に適したものかどうか、という判断を互いに与えるようになる。他者の行為は、「予期されたものかどうか」という明確な性質とともに、一種の価値判断をともなって知覚できるようになるのである。このような状態に至ると、自己も他者も、相手と出会う以前とは違うしかたで互いにふるまうようになる。これは、悪く言えば、場に拘束された行為をみずから選ぶようになるということであり、よく言えば、その場で期待される役割にうまく適合した行為をおのずと取れるようになるということである。

社会学者のニック・クロスリーが指摘している通り、言語的なコミュニケーションは、身体的相互行為のレベルで成立している場の特性を、自己にも他者にも明示的に示す機能を持つ[31]。自己と他者は、システムの両項として全般的に協調しつつふるまっているとしても、そこには、同調、対抗、支配と非支配をはじめとする関係性が生じ、他にも種々の情動的トーンに満ちたやり取りが生じる。これらが、いわゆる「場の空気」と呼ばれるものを生じさせる。場の空気は、陽気だったり陰気だったり、建設的だったり批判的だったり、競争的だったり協力的だったり、開放的だったり閉鎖的だったり、求心的だったり遠心的だったり、じつにさまざまである。ここで、私たちのコミュニケーションが非言語的なものだけに閉じていたとすると、場の空気は身体的行為によってしか制御できない。言語的な会話の持つ力は、沈黙を破り、場の空気そのものを言葉によって描写し、それを自己にも他者にも明示的に示すことで、相互行為とコミュニケーションの文脈そのものを転換できることにある。

身体的レベルや言語的レベルでさまざまなやり取りを介して、自己と他者を包括する相互行為の場が成立することは、言い換えると、システム全体に対応する「私たち」という主体性が成立することでもある。自己の行為も他者の行為も、場が成立すると、互いにとって意味を持つだけでなく、「私たち」にとって意味を持つものになる。「私たち」という主体性は、身体を備えた実体的な行為主体としては実在しないが、自己と他者の行為を調整したり束縛したりする。会話でもキャッチボールでもダンスでもよいが、いちどその場が成立すると、ひとは他者の期待を考慮に入れて行為するようになるが、その期待は必ずしも、個人としての相手が実際に期待している行為ではない。むしろそれは、相手の個人的な期待というより、場における相互行為がうまく機能するかどうかということに由来するのである。

私たちが実践している他者理解は、場の規範性を背景として知覚できる他者の行為や発言の特徴を、相互作用をさらに重ねるなかでより明瞭に際立たせていく作業である。その本質は知覚的経験にあるのであって、理論説が主張するような推論や、シミュレーション説が主張する模擬のような心的操作は、二次的な役割しか果たしていない。身体的相互行為と、それが生み出す情動的トーンを背景として、自己と他者のあいだで会話が成立しているあいだ、両者はナラティヴという形式で共同の意味を創造し続けている（ナラティヴについては第6章を参照）。相互行為と会話を通じて、他者と間主観的に共有可能な意味の領域を拡大することで、最初はたんに匿名の「ひと（one）」だった他者が、特定の「誰か（someone）」として人物像を鮮明に現してくる。他者を理解することは、他者の身体の背後に隠れている心を理解するという経験ではない。間身体性に始まる知覚と行為の循環から相互行為を展開し、それをナラティヴのやり取りにまで拡大するなかで、相手の行為と発言の意味を理解していく作業なのである。

注

（1）Meltzoff, A. N., & Moore, M. K. (1977). Imitation of facial and manual gestures by human neonates. *Science, 198*, 75–78.

（2）Jones, S. S.（1996）. Imitation or exploration? Young infants' matching of adults' oral gestures. *Child Development, 67,* 1952–1969.
（3）Condon, W. S., & Sander, L. W.（1974）. Synchrony demonstrated between movements of the neonate and adult speech. *Child Development, 45,* 456–462.
（4）Cappella, J. N.（1981）. Mutual influence in expressive behavior: Adult-adult and infant-adult dyadic interaction. *Psychological Bulletin, 89,* 101–132.
（5）S・マロック&C・トレヴァーセン、根ケ山光一・今川恭子・志村洋子・蒲谷槇介・丸山慎・羽石英里（訳）（二〇一八）『絆の音楽性――つながりの基盤を求めて』音楽之友社
（6）J・J・ギブソン、古崎敬・古崎愛子・辻敬一郎・村瀬旻（訳）（一九八五）『生態学的視覚論――ヒトの知覚世界を探る』サイエンス社、一三七―一五七
（7）Loveland, K. A.（1991）. Social affordances and interaction II: Autism and the affordances of the human environment. *Ecological Psychology, 3,* 99–119.
（8）Baldwin, D. A., Baird, J. A., Saylor, M. M., & Clark, M. A.（2001）. Infants parse dynamic action. *Child Development, 72,* 708–717.
（9）Meltzoff, A. N.（1995）. Understanding the intentions of others: Re-enactment of intended acts by 18-month-old children. *Developmental Psychology, 31,* 838–850.
（10）Merleau-Ponty, M.（1945）. *Phénoménologie de la perception.* Paris, France: Gallimard.（p. 404）
（11）田中彰吾（二〇一七）『生きられた〈私〉をもとめて』北大路書房、一五六―一二八
（12）American Psychological Association.（2015）. *APA dictionary of psychology*（2nd edition）. Washington, DC: APA.（項目「theory of mind」）

（13）Premack, D., & Woodruff, G. (1978). Does the chimpanzee have a theory of mind? *Behavioral and Brain Sciences, 1,* 515–526.

（14）Gordon, R. M. (1986). Folk psychology as simulation. *Mind and Language, 1,* 158–171.

（15）Goldman, A. I. (1989). Interpretation psychologized. *Mind and Language, 4,* 161–185.

（16）S・バロン＝コーエン、長野敬・長畑正道・今野義孝（訳）（二〇〇二）『自閉症とマインド・ブラインドネス』青土社

（17）Gallese, V., & Goldman, A. (1998). Mirror neurons and the simulation theory of mind-reading. *Trends in Cognitive Sciences, 2,* 493–501.

（18）S・ギャラガー＆D・ザハヴィ、石原孝二・宮原克典・池田喬・朴嵩哲（訳）（二〇一一）『現象学的な心——心の哲学と認知科学入門』勁草書房、二五七—二九七

（19）Merleau-Ponty, M. (1997). *Parcours 1935–1951.* Lagrasse, France: Verdier. (pp. 175–176)

（20）Gallagher, S. (2008). Direct perception in the intersubjective context. *Consciousness and Cognition, 17,* 535–543.

（21）Tanaka, S. (2015). Intercorporeality as a theory of social cognition. *Theory & Psychology, 25,* 455–472.

（22）河野哲也（二〇〇六）『〈心〉はからだの外にある』日本放送出版協会、一〇五—一四一

（23）Fuchs, T., & De Jaegher, H. (2009). Enactive intersubjectivity: Participatory sense-making and mutual incorporation. *Phenomenology and the Cognitive Sciences, 8,* 465–486. (p. 476)

（24）木村敏（二〇〇五）『あいだ』筑摩書房

（25）V・フォン・ヴァイツゼッカー、木村敏・濱中淑彦（訳）（二〇一七）『ゲシュタルトクライス——知覚と運動の人間学』みすず書房

（26）木村敏、前掲書、四一

（27）木村敏、同書、五五

（28）Krueger, J.（2014）. Affordances and the musically extended mind. *Frontiers in Psychology, 4,* 1003.（http://journal.frontiersin.org/article/10.3389/fpsyg.2013.01003/）

（29）Tanaka, S.（2017）. Intercorporeality and aida: Developing an interaction theory of social cognition. *Theory & Psychology, 27,* 337–353.

（30）Tronick, E., Als, H., Adamson, L., Wise, S., & Brazelton, T. B.（1978）. The infant's response to entrapment between contradictory messages in face-to-face interaction. *Journal of the American Academy of Child Psychiatry, 17,* 1–13.

（31）N・クロスリー、西原和久（訳）（二〇〇三）『間主観性と公共性――社会生成の現場』新泉社（第二章）

第5章 身体に媒介される自己と他者

1 他者に知覚される経験

中学生のころだったと記憶している。私は学校の職員室に行くのが好きではなかった。呼び出されて職員室に行くといろいろと叱られるから、という理由からではない（幸か不幸か私はそうした経験をあまり持ち合わせていない）。理由はもっと単純で、むしろやや馬鹿げていた。職員室の扉が古い引き戸で、開けるとガラガラと大きな音が鳴り、それに合わせて数名の教員がこちらをじろっと見るのである。中には授業で教わったこともなく、個人的に知らない教員も含まれている。知っている教員は私の顔を見て表情が緩んだりするのだが、知らない教員はそのように表情を変えるわけでもなく、憮然としている。会話のやり取りが始まるまでの一瞬、何人かの視線にさらされながら、自分の身体がコミュニケーションの空白に宙吊りにされたように感じるのが、なんとも居心地が悪くて嫌だったのである。

他者によって注視されるとき、ひとは他者によって見られている自己の身体に否応なく注意が向く。他者に知覚されることは、潜在的にさまざまな感情を引き起こしうる経験である。たとえば、大人数を相手にした講義で言い間違いをすると、なんとも恥ずかしく感じられる。しかし一方で、自分の講義に熱心に耳を傾けてくれる学生の前では、嬉しいと同時にどこか誇らしい感情も湧いてくる。あるいは、旅先の異国で銃を持った兵士に睨みつけられれば、恐ろしく感じるだろう。恐怖の感情とは逆に、見られていることで安心する場面もあるように思う。誰かに「見守られている」と感じるような経験がそうである。恥、喜び、誇り、恐怖、安心感など、他者との相互作用のなかで、私たちは種々の感情を経験している。これらの感情は、それが生じる環境も文脈も社会的なものである。感情研究では、驚きや悲しみのような基本的感情と対比して「社会的感情」と呼んでいる。

これらの感情が身体経験を経由していることに注意しよう。さしあたり視覚の例だけをあげてみたが、自己の身体が他者の視線によって客体としてまなざされるとき、見られている自己の側にさまざまな感情が生じてくる。日常生活の多くの場面では、ひとは自己の身体を、主に知覚と行為の主体として経験している。ひとはみずからの身体を介して世界を知覚し、身体とともに世界に向かって行為している。身体はここでは主に「主体」としてふるまっており、この経験を通じて、「私」という主観性が立ち現れてくる。しかし、ここであげた例では、自己の身体は他者によって見られる存在であり、他者がそれを知覚するところの「客体」として経験されることに重点がある。

この章で考えたいのは、客体として経験される自己の身体である。考えてみれば、自己の身体を客体として扱うことは、他者がいない場面でもしばしば経験している。たとえば衣服を着る場面では、鏡を前にしてこれから着ようとしている服の色合いやかたちを確かめつつ、自己の身体を視覚的に確認している。歯を磨くときも同様に、鏡に映った自分の顔と口をぼんやり眺めている。寒さでかじかんだ手をさすって暖めるとき、私の手はさする主体としてだけでなく、さすられる客体としても経験される。以下では、自己の身体が「客体」として経験される場面に焦点を当て、自己と他者の関係について考察してみよう。

2　「主体としての身体」から「客体としての身体」へ

もともと、現象学的身体論の伝統においては、行為と知覚の主体として経験される身体を強調する傾向が強かった。ひとが生活のなかで経験している身体は、三人称的な観点から対象化（客体化）して把握できる物理的身体（ケルパー）としての側面より、生きられた身体（ライプ）としての側面が中心である。生きられた身体は、「私」という個別の主体が、そのつど世界を知覚し、世界に向かって行為する場面でその具体的なはたらきを示す。メルロ＝ポンティは、「私が、生きた身体の機能を理解することができるのは（中略）私が世界へ立ち向かうひとつの身体であるというその限りにおいてである」[1]という言い方で、世界に向かって行為する主体としての身体を強調している。フッサールもまた、遠近、上下、左右という知覚の方向性がそこから開ける絶対的な中心として身体を位置づけ、「これ以外に別のここがなく、これとの関係によって「そこ」があるようなここ」[2]と記述している。現象学ではこのような発想が出発点にあるため、身体という主体として私が世界を知覚する、あるいは世界において行為する場面に記述の焦点が置かれやすい。第1章で身体図式を論じたさいにも述べたが、基本的には、知覚も行為も身体から世界へと志向的に関係づけられる経験である。一方、自己の身体が客体として注意の焦点になる場合は、むしろマイナーなものにとどまりやすい。そこで、改めて、生きられた身体を記述する試みの一環として、自己身体が「客体」として経験される場面を考察してみる必要がある。

もっとも明白な経験から始めてみよう。いま広がっている私の視野には、私の身体の一部が姿を現している。キーボードに向かう両手が見えるし、鼻の頭や太腿も視野に収まっている。身体は不透明であり、皮膚や衣服に覆われた表面を備えているため、背景にある物体から浮き立ってそこだけ図として視覚的に確認することができる。手を少し動かしてみると、視覚的なまとまりとしての身体をより明瞭に感じることができる。ただし、ここで微妙なずれがあることに私は気づく。というのも、私は自分の左手が視覚的には「そこ」に位置しているのに、閉眼して同じ左手を確かめると今度は「ここ」という位置感覚をともなって感じられるからだ。つまり、視覚的な客体として現れる自己の身体部位は「そこ」という位置にあるが、固有感覚を通じて客体としてとらえた自己の身体部位は、他の部位から差異化されつつもなお漠然とした「ここ」という位置に現れる。第2章でラバーハンド錯覚を検討したが、あのような錯覚が生じるのも、もともとは生きられた身体のうちに「視覚的なそこ」と「固有感覚的なここ」との位置感覚の分裂が含まれているからである。つまり、生きられた身体の内部でも視覚優位に多感覚統合が起きており、それがゴムの手の上で生じると、その位置で触れられているような錯覚が生じるのである。

目に見える私の身体はまた、空間的に広がるかたちと嵩（かさ）を備えている。そのため、私は、自己の身体のさまざまな部位に触れることができる。石鹸をつけて手を洗ったり、眠い目をこすったり、頭を搔いたりする場面では、私はおのずと自己の身体部位に触れている。ただ、注意して自己の身体に触れると、普段は明確に感じることのない感覚が生じていることがわかる。いわゆる二重感覚である（第3章での議論を参照）。右手で左手の甲をなでてみる。左手表面のつるつるとした感じに最初は気づくが、途中で手を止めてみると、右手の指先の暖かさを逆に左手の側から感じ返していることに気づく（手を止める前から暗黙に感じていたことが明示的になる）。つまり、私が私の身体に触れるとき、身体は「触れる側」（主体としての身体）と「触れられる側」（客体としての身体）とに分裂しているが、両者はたんに分裂しているだけではなくて、入れ替わる関係にある。このような交替は、物体に触れているときには決して生じない。私が愛用するマグカップの表面をなでたところで、マグカップの側から指先を感じ返す経験は生じない。自己の身体は、私が触れることのできる客体として世界に現れている。この点では他の物体と何ら変わらないが、二重感覚をともなう点で、自己身体は他の物体とは決定的に異なる性質を持つ「特別な種類の事物」[3]である。二重感覚においては、主体としての私が客体としての私に触れるという経験が生じるだけでなく、主体として触れている私が、不意に触れられる客体へと転換する経験が生じる。メルロ＝ポンティと同様、市川浩も、ここに思考する私が思考される客体に転じる自己反省の経験との共通性を見出し、「二重感覚は、いわば外面化された反省である[4]」と指摘している。

主体としての私が客体としての私を知覚するという再帰的（reflexive）な構造は、聴覚ではより明確に現れる。発話をしているあいだ、私の声は客体として他者によって聞かれるだけでなく、私自身によっても聞かれている。私はみずから発話し、聞こえてくる言葉の意味を確認しながら、次に発声する言葉の順番と内容を組み立てている。この作業は、主体↓客体↓主体↓客体という循環的で再帰的な構造を持っているだけでなく、その構造を通じて「自己の発話内容を反省する」という主観的経験をともなっている。レフ・ヴィゴツキーが示しているように、発達的に見ると、ひとの発話はまず他者に向けられた「外言」として獲得され、その後で、他者がいない状況でも自分を相手に実践する「内言」として利用できるようになり、内的な思考を支える道具に変化していく。[5]これは示唆に富む指摘であろう。自己の経験について振り返って考えるという反省（reflection）の作業は、自己自身を相手にして内的に発話を繰り返す経験であり、聴覚を介して、主体としての身体が客体としての身体を把捉し直す作業なのである。私たちは「思考」という作業をしばしば内的、意識的、抽象的で、身体とは無関係の作業ととらえてしまいがちであるが、河野哲也が述べているように、「「考える」とは、黙読のように音量をゼロにまで絞った発話に他ならない。「考える」という作用は、自分の声を自分のものとして聞くことによって認識される」(6)のである。

このように、自己の身体はさまざまなモダリティを通じて知覚の客体として現れる。そのさい、身体は一方で知覚する主体として現れ、他方で知覚される客体として現れるのであり、再帰的なしかたで経験が生じている。言い換えると、「身体化された自己」は一方で主体として、他方で客体として現れるのである。この両者はそれぞれ、ウィリアム・ジェームズが自己を論じたさいに「主我（I）」と「客我（me）」として区別したものの身体的基盤である。(7)ジェームズは自己意識を考えるさい、デカルトのように「われ思う」という主我の作用だけを経験的基盤から完全に引き離して定立しうるとは考えなかった。知る主体としての主我は、つねに知られる客体としての客我を必要とする。この点を身体性の観点からとらえ直すなら、「主体としての身体」と「客体としての身体」の再帰的関係に対応する。ここで改めて確認しておきたいのは次のことである。すなわち、「自己反省（self-reflection）」という一見すると抽象的な意識作用に見えるものも、身体的基盤を持つ具体的な認知過程であり、生きられた身体が自己自身を客体としてとらえる再帰的作用だということである。

また、両者の区別が、身体図式と身体イメージの区別にもゆるやかに対応していることも確認しておこう。第1章で検討した通り、身体図式は、環境にはたらきかける行為の主体として全身の運動を組織化する機能だった。これが主に習慣的運動にかかわっていたことを考慮すると、身体図式は、反省的意識にのぼる以前の水準で、身体を一定の行為に向かって水路づけていると言える。他方、身体イメージは、基本的には、「私の身体」として対象化された像である。ここで問題にしている「客体としての身体」は一部これに重なる。視覚、触覚、聴覚などを通じて「私の身体」として自己自身によって知覚された身体だからである。ただし、知覚を通じて明瞭な客体として経験される自己身体は、その大半が部分的なものであり、全身像として知覚されることは、鏡に映った全身を見るような場合を除いてそう多くない。この点で、「客体としての身体」は、知覚的かつ部分的な身体イメージを中心として構成されていると言える。

3　客体としての身体・自己と他者

客体としての身体に含まれる問題点をさらに展開するために、ひとつの具体的な事象についてここで検討しておこう。他所でも論じたことがあるが[8]、身体イメージと鏡像認知をめぐる問題である。先ほど、私は自分の視野に現れる自己の身体について記述したが、これは哲学者のエルンスト・マッハが残した自画像と基本的な構図において大きく変わらない（図1）。マッハは、自分の左目から見た視野に現れる環境と自己身体を忠実に描いたうえで、「私の身体は他人の身体から次の点で区別される。（中略）自分の身体はただ一部分しか見えず、とりわけ頭がみえないことによってである[9]」と述べてい

図１　マッハの自画像

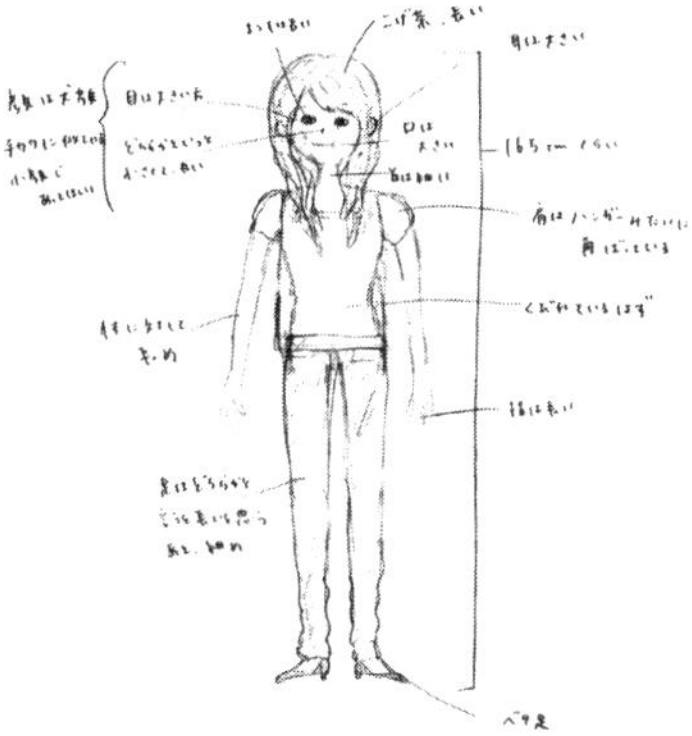

図２　身体イメージの例（田中彰吾（2011）「身体イメージの哲学」『臨床神経科学』29, 868）

る。もちろん、視覚に忠実に自己の身体を描くとこのようになるのだが、私たちの多くが連想する自己身体の姿はこのようなものではない。むしろ、鏡に映る姿のように、正面に回り込んだ観点から想像される全身の像に近い。つまり、「私の身体」としてひとが通常思い浮かべるものは、知覚の客体になる部分的な身体ではなく、全体的な身体イメージなのである（図2）。著名な辞典でも、身体イメージは「ひとが自己の身体全体について形成する心的画像[10]」と定義されており、その全身的性質が強調されている。知覚できる身体部位の寄せ集めは身体イメージとはされていない。

　これは何を意味するのだろうか。どういう理由からか、ひとは、「私の身体」の像について、視覚的に確認できるそれよりも、想像される全身を優先する。ここにはもちろん、想像される身体の像が全身を包括するイメージであるため、一種の「自己イメージ」に近いからだ、という理由もあるのだろう。確かに、部分的に知覚できる身体は「身体」ではあるものの、「私」を代弁しているように感じられない。ただし、全身を包括する身体イメージはあくまで想像の産物であって、私たちは、正面に回り込んだ視点から自己身体を客体として知覚できるわけではない。なぜ、想像するしかない二次的な像のほうが、自己イメージにより近いものとして受け止められることになるのだろう。もともと、この種の全体的な身体イメージはどのように形成されたのだろう。

最初に思いつく答えは、鏡を繰り返し見ることによって自己身体のイメージが少しずつ形成されるのだ、というものだろう。鏡像認知の古典的な研究によれば、鏡に映る自己を認識できるようになるのに、平均的な赤ちゃんは生後一八—二四カ月程度の時間を要すると言われている。(11)(12) 生後一二カ月までは、鏡像を実在する他者として知覚しており、鏡に向かって手を伸ばしたり微笑みかけたりして、相互行為を試みる傾向が強い。二〇カ月ごろになると、鏡を見ながら自己身体の一部に触れる自己指向行動が少しずつ増えるようになり、二四カ月前後でいわゆる「マークテスト」にパスできる子どもが増える。マークテストとは、額や頰のように、肉眼では確認できない身体部位にマークをつけ、鏡を見たときに幼児がそれに気づくかどうかを試すものである。このテストにパスできるのであれば、外的視点から自己身体の見え方の異変に気づいていることになるので、安定した身体イメージが内的に確立されていると見てよさそうである。

とはいえ、以上の変化が、たんに鏡を繰り返し見ることだけで成り立っていると考えるのは早計である。関連する研究を二つあげておこう。ひとつは、六—二六カ月の六〇人の幼児を対象にした研究である。鏡のない環境で育ったグループと鏡に親しみつつ育ったグループを比較したところ、自己鏡像認知の能力に有意な差は見られなかったと報告されている。[13]鏡のない環境で育った場合に影響が出るのはむしろ、鏡像と実像の空間的関係の認知であり、鏡に映る身体を自己身体として認知する能力には影響が出ない。もうひとつは、チンパンジーの鏡像認知についての報告である。[14]マークテストを開発したゴードン・ギャラップはもともとチンパンジーを対象にこのテストを開発したのだが、成熟した個体のチンパンジーの多くはマークテストをパスすることができる（もっとも、鏡像を自己として認知するのに一定の時間はかかり、最初は他個体がいると思い込んで興奮し鏡像を威嚇する）。しかし、通常の群れから引き離して単独で飼育したチンパンジーは、鏡像を自己として認識できないばかりか、そもそも鏡の像を見る時間が通常の個体と比べて有意に短い。おそらく、鏡を提示されても、そこに映っているものが何を意味するのか直感的に理解できていないのであろう。

だとすると、鏡に映し出された自己身体を視覚的に確認する作業は、身体イメージを形成する過程では副次的な重要性しか持っていないだろう。より重要なのは、発達心理学者の浜田寿美男も主張しているように、他者との関係で「見る－見られる」という視覚的な相互作用を経験することなのであり、その経験を経て、他者の視点から見た自己の姿を想像によって獲得する過程なのである。[15]自己の身体は、他者、とくに母親のような養育者との発達上のやり取りのなかで、さまざまなしかたで見られる経験を重ねていく。それは、見つめられ、眺められ、見守られ、にらまれ、注視される対象として経験される。乳児は比較的早くから、自己の身体が他者によって見られる存在であることに気づいている。たとえば七カ月児は、大きな声を出したり、台を叩いたりして、他者の注目を集めようとする。[16] 自己の身体行為によって他者の視線を引きつけることができるとわかっているのである。

筆者の見るところ、他者に見られることに気づくだけでなく、ここに共同注意（joint attention）の経験が重なることで、自己の身体が知覚の対象（客体）としてより明瞭な像を結ぶようになると思われる。共同注意は、生後九カ月ごろに乳児が獲得する能力で、養育者の視線を追跡することで、養育者が注視している対象に自分もまた注意を向けられるようになることを意味する。[17] 自己と他者のあいだで注意を共有できるので、生まれて初めて間主観的な文脈のもとで物体を経験できることになるのである。トーマス・フックスが共同注意の意義を的確に要約しているので引用しておこう。

共同注意は、人とともに対象も変容させる。一方で、対象は、自分がはたらきかけるだけの事物から、指示したり象徴的相互作用するための自己から分離された事物へと変容する。事物を「他者の目を介して」見ることによって、言葉の適切な意味において「対象」になる。すなわち、自己自身の主観的パースペクティヴから独立するのである。他方で、乳児は、他の人に対象を見せる目的のため、その人が見ているものを把握し、その人の空間的パースペクティヴを少なくとも暗黙に考慮しなければならない。[18]

共同注意の能力は、自己の視覚的パースペクティヴと他者の視覚的パースペクティヴを往復することで成り立っており、注意の対象となる物体を、自己と他者のいずれにも見えている間主観的世界の地平へと引き入れる。このとき乳児はいまだ生後九カ月なので、鏡に映る自己の身体は他者として知覚することしかできない。しかし物体については、すでに擬似的に他者の視線を介して見ることができるようになっているのである。共同注意はおそらく、物体から始まって、乳児自身の身体へとしだいに拡張していくだろう。手に持った物体を他者に見せたり、隠したりする経験は、手という身体部位を共同注意の対象として経験させるきっかけになる。このような経験を重ねる過程で、他者にとっても自己にとっても見ることが可能な身体部位——手・腕・胸・腹・脚・足など——が共同注意の対象として、「他者の視点から見える自己の身体」として構成されていくだろう。発達心理学者のフィリップ・ロシャも、共同注意が自己身体の客体的側面への自覚を促進し、身体イメージの構成にかかわることに注意を促している[19]。

こう考えると、ひとの身体イメージのなかで最後に像を結ぶのは顔であろう。乳児は、自分の顔が、他者の視線によって客体としてとらえられていることに早くから気づいていると思われるが、その顔は、共同注意が可能になっても、間主観的な世界の内部には決して視覚的対象として現れてはこない。自己鏡像認知の発達過程では、鏡に映った像が他者でないことに気づいた段階で、数カ月間の移行期があることが知られている。ルネ・ザゾは、みずからの実験を通じて、この時期の乳児に鏡を忌避する反応が見られると指摘している[20]。具体的には、困ったような表情をしたり、鏡像に対して顔をそむけたり、鏡像から遠ざかろうとしたり、といった反応である。このような反応が三カ月から五カ月ほど続くという。この時期の忌避反応は、自己の顔を明示的に見つめることに対する心理的な抵抗感や恐れの感情を反映しているように思われる。他者の顔は、もっとも強く喜怒哀楽の情動を表現する部位として自己に対して現れるが、自己の顔は、そうした他者の情動がもっとも強く差し向けられる自己身体の部位である。そのような自己自身の顔が、他者からどのように見えるのかを明示的に知る経験は、独特の畏怖と魅惑の感情をともなうのではないだろうか。

おおよそこのような順序で身体イメージが出来上がっていくのだとすると、ひとつ指摘しておくべきことがある。それは、自己にとっての「客体としての身体」が、たんに知覚できる身体部位の断片的な寄せ集めではなく、全体としてまとまりのある「客我（me）」の表象へと変化していく過程で、「他者によって自己の身体を知覚される」という経験が重要な役割を果たしているということである。断片的な身体部位が統合された自己身体へと変化していく過程は、他者によって媒介されている。かつて社会学者のG・H・ミードが指摘したように、主我（I）と客我（me）の再帰的関係は、他者が自己を客体として認識する過程を織り込むことで、初めて成立する。[21] 他者に媒介されることがなければ、自己認知そのものが成立しえないのである。

4　他者の身体・他なる主体性

自己にとって「客体としての身体」が全体性を持って構成されるうえで、知覚を介した他者との相互作用が重要な契機になっていることが理解できた。客体としての身体は、自己にとって客体として経験されるのと同様に、あるいは発達的にはそれ以前に、他者にとっての知覚や行為の客体になっている。そこで、「客体としての身体」を通じて経験される他者について次に記述してみよう。

触覚の経験がもっともわかりやすいだろう。私が自己の身体に触れたときに感じる経験は、他者によって触れられたときに感じる経験とは大きく異なっている。もっともわかりやすいのはくすぐったさである。他者に触られてくすぐったく感じるのと同じような刺激を自分で作り出してみても、決してくすぐったく感じることはない。ただ、よく知られているサラ＝ジェイン・ブレイクモアらの実験では、くすぐる動作と感覚刺激とのあいだに時間的な遅延を導入できるよう実験器具を工夫すると、自己くすぐりも不可能ではないとされている。[22] 遅延なし条件ではくすぐったく感じることはできないが、動作と刺激のあいだに約三〇〇ミリ秒の遅延を加えるとくすぐったく感じられるという。つまり、私が身体を動かすのに対して一定の時間差があると、くすぐったさを生み出す「他者のような性質」が器具に生じるようなのである。じつは、この時間差は、ラバーハンド錯覚で知られている事実とも符合する。ゴムの手に所有感の錯覚を生じさせるには、一定の時間的・空間的な整合性が必要であり、本物の手とゴムの手をなでる刺激のタイミングをずらすと所有感がほとんど生じなくなる。そのさいの時間的な境界になるのが約三〇〇ミリ秒なのである。[23]「私の身体」と、「私の身体でないもの」あるいは「他者の身体」とを経験において区別する指標になっているのは、身体運動や体性感覚における時間的な不一致（アシンクロニー）である。

もちろん、自己の身体と他者の身体を区別するものはこれだけではない。みずから自己の身体に触れると、そこで二重感覚が生じるが、他者に触れられてもそのような経験は生じない。ただし、二重感覚が生じないといっても、他者に触れられる経験は物体が身体に当たる経験とは異なる。触れられる経験を通じて、私は、触れようとする他者の微妙な意図を感じ分けている。くすぐるだけでなく、そっと触る、たたく、なでる、こする、つねる、つかむ、といった違いである。これらの意図は、触れようとする相手の手と腕の動きを視覚的にとらえることである程度は予測できる部分もあるが、厳密には見通せない。つまり、客体としての私の身体に触れる他者の身体は、私の身体には帰属しないさまざまな意図が宿っている。「他者の身体」は、私の身体にともなう所有感を欠いているだけでなく、私自身の意図するところとは異なる主体性（エージェンシー）によって住まわれている。「客体としての身体」に触れられることで私が経験するのは、「他の行為主体」として現れる他者の身体である。

したがって、客体としての自己身体の経験は、私の身体とは異なる種類の所有感や主体感を備えた「他者の主体性」が現れる経験と対になっている。これがきわめて直接的な知覚経験の一部であることに注意しよう。他者経験は現象学でもしばしば論じられる主題だが、フッサールが『デカルト的省察』で試みている議論は、ここでの記述とは対照的にとても回りくどい。(24) フッサールによると、私の知覚経験において他者（他我）が構成されるさい、まずひとつの物理的身体（ケルパー）が知覚野に現れる。これが他我によって生きられる身体（ライプ）としての意味を獲得するには、私の身体というより本源的なライプからそれを転移されねばならない。たんなる物体を私の身体と結びつけ、他者が生きる身体とするのは、「類似にもとづく統覚」であり、一種の類比の作用である。これは推論や思考のように、対象に外側から意味を与えるような間接的な作用とは違っているが、しかし知覚ほど直接的に対象をとらえる作用でもない。

フッサールはまた、「類似にもとづく統覚」の作用を「対化（Paarung）」という概念によって補足している。対化とは、自己の身体と他者の身体が対になることで、ひとつの物体が他者の主体性の現れという意味を受け取る作用である。

私たちにとって特に重要なのは自我を通じた他我の連合と統覚であり、これは、他者が私の知覚野に現れ、対化によって初めて生じるものである。（中略）私の原初的な領域の中にひとつの物体（ケルパー）が際立って現れ、それが私のもの［私の身体］と似ている、すなわち、それが私のもの［私の身体］と現象的な対化へと至るに違いないなら、意味が押しかぶせられることによって、身体という意味を私の身体からただちに受け取るに違いない。[25]

本章で記述している経験から考えると、他の主体が現れる経験はここまで回りくどいしかたで構成されてはいない。自己の身体は、自己にとって客体として経験できるだけでなく、他者の行為に対しても客体になる。他者によって触れられるとき、私は、「他の主体」が私の身体に触れようとする意図を直接知覚している。そして、その意図を繊細に感じ分けることができるからこそ、私に触れている相手が他人であるのか、私の飼い犬であるのか、たんにボールが当たっただけなのか、目で見ていなくても一瞬で判断することができるのである（そしてこの判断は知覚経験に含まれている）。フッサールは「他の主体」が存在しない状態からどのように立ち上がってくるのかという構成の過程を記述することに拘っているため、他者の身体が最初は物体として現れ、それが身体という意味を自己の身体から受け取るという順序で記述している（ダン・ザハヴィはフッサールがこのような二段階的な見方を取っていないとして擁護しているが[26]、『デカルト的省察』での議論をそのように読むのは難しい）。

しかし、そもそもこのような経験こそ不可能だと言うべきであろう。第4章で述べた通り、ひとは発達の最初から他者の身体を共鳴的に模倣できる身体を持って生まれてくる。その感覚運動的能力を通じて他者の行為に内在する意図を直接的に知覚できるのであって、他者の身体を「物体」として受け止めること自体、きわめて抽象的な操作を加えない限り可能にはならない。他者の身体は最初から、一定の意図を持って動き回る行為者として現れている。加えて、その他者によって、自己の身体が客体となるようなしかたではたらきかけられるとき、明白に「他の主体」が経験されるのである。

直接経験において実際に「対化」されているのはむしろ、「主体としての他者」と、自己の「客体としての身体」である。これは決して触れられる経験だけに限定されない。見られる経験にも十分に当てはまる。他者によって見られる経験は私にとって一様ではない。相手の視線に射抜かれるように感じたり、瞳に吸い込まれるように感じたり、本音を見透かされるように感じたり、瞬間的なアイコンタクトのなかで種々の経験が生じている。つまり、自己の身体が他者の行為の客体となるとき、自己とは異なる「他なる主体」が直接に現れてくるのであり、見られたり触れられたりする自己の身体の表面が、自己と他者が出会う間主観性の場になっているのである。生きられる身体は、自己にとって知覚と行為の主体（ときに客体）であるが、同時に他者にとっては知覚と行為の客体である。そのため、自己の主体性（主観性）と他者の主体性（主観性）にとっての「あいだ」（間主観性）の場所にもなるのである。

　このように考えると、身体化された存在である限り、自己は、他なる主体に出会うことのない、独我論的に閉じた主体ではありえない。他者経験にまつわるこの特徴は、対人場面で生じるあらゆる社会的感情の起源になっているように思われる。そして、社会的感情の発生とともに経験されている意識作用がおそらく「共感（empathy）」と呼ばれるものである。この点については、フッサールは正確に理解していたと思われる。フッサールが他者経験を問う場面で繰り返し共感（Einfühlung, empathy）に言及していることにも表れているが、共感は、たとえば恥や誇りのように、対人関係の具体的な場面で経験される個別の感情とは次元が異なる。それは具体的な感情の一種なのではなく、社会的感情すべてを支える基本的な志向性のあり方を言うのである。共感は、特定の相手に対して、生じたり生じなかったりする感情のことではない（一般的な言葉づかいで「共感」という場合にはそのような意味合いで使用されているが）。そうではなくて、自己とは異なる「他の主体」の存在を感受する意識のはたらきである。したがって、共感は厳密な意味での感情ではなく、あらゆる他者理解に先行してはたらいている意識作用であり、他者の存在を感じるときはつねに共感がともなっていると見るべきである。共感とは、いわば「他者感」である。

この点を踏まえたうえで、フッサールの主張する共感の経験について、前章で触れたシミュレーション説と関連づけて論じておこう（第4章3節参照）。フッサールが記述する共感的な他者理解の経験は、他者に向かって自己を移入する過程が基礎になっており、シミュレーション説の考え方とも類似点がある。フッサールによると、世界の中の「ここ」という位置にあって知覚し行為する自己は、それと対になる他者の身体が「そこ」にあって知覚し行為しているであろうことを理解している。[27] もちろん、他者の身体に生じているであろう主観的経験は、私がそれを同じしかたで経験できるわけではない。しかし、その相手は、私がいつもしているのと同じようなしかたでふるまっている主体であることは理解できる。したがって、他者が喜んでいたり怒っていたりするのも、私が同じ状況にいれば同じ身体的反応を通じてそう感じるであろうというしかたで感受することができる。このような見方は、他人の立場に自分を置き入れて他者の心的状態を模擬してみるというシミュレーション説の考え方に近いように見える。とくに、フッサールが「想像的自己置換（Hineinphantasieren, imaginative self-transposal）」と呼ぶものは、さらにシミュレーションに近づいている。[28] ナタリー・ドゥプラの整理によると、フッサールの言う共感は、対化の次の段階で想像的自己置換をともない、そこでは、他者の位置（そこ）に自己を移し入れ、他者の主観的状態を理解する想像の過程がはたらく。[29]

ただし、両者には違いがあることも指摘しておく必要がある。ひとつは、シミュレーション説では、他者の存在を前にして暗黙のうちに共感がはたらいているという見方には立っていない。むしろ、他者の心的状態には直接アクセスできないからこそ、それを可能にする認知的操作としてシミュレーションが必要になると考えている。[30] もうひとつの違いは、シミュレーションとはいわば「他人になったふり」をしているだけであって、他者の立場に置かれたときの自己の心的状態を理解しているだけかもしれない、という論点である。[31] 他者に対する暗黙の共感がはたらいていると見る点で、フッサールの主張はシミュレーション説よりも注意深い。他者の心的状態は自己のそれとは違うかもしれないし、似ているかもしれない。私が仮に同じ状況に置かれたとしても自分は違った感じ方をするかもしれない。他者がある状況で経験している心的状態は、想像的自己置換をはたらかせても私の理解を超えているかもしれない。これらすべての理解は、暗黙のうちに共感がはたらき、それに加えてより高次の他者認知が機能することで可能になる。他者の立場に自己を置き入れて心的状態を模擬するだけでは、自己と他者がどの程度連続的で、どの程度非連続的であるか、という点についての想像がはたらく十分な余地がない。筆者は、「対化」に関するフッサールの議論は支持しないが、他者理解を可能にする基本的な意識作用としての「共感」という考え方は支持している。

5　共感の裏側にある不安

ここでの議論によく現れているが、「他なる主体」の存在を感受する共感という意識の作用は、他方で、自己には手の届かない他者の性質（他者の他者性）を時として際立たせるものでもある。というのも、共感という志向性は、他者を理解可能な存在にする裏側で、他者がそれ自身のパースペクティヴのもとで知覚し行為する存在であることも織り込んでいるからである。他なる主体は自己ではない存在であり、自己の経験には還元できない他なる主観的経験をともなっているだろう。これは、他者の感情や意図を知覚できるという直接知覚説の主張と矛盾するものではない。自己が他者の心的状態を自己のパースペクティヴから知覚できるということと、他者が他者自身のパースペクティヴにおいて心的状態を経験しているということは別のことだからである。

ただし、ここには直接知覚には解消できない事態が現れることも確かである。というのは、自己と他者の相互作用の文脈によっては、他者の心的状態が隠れたものとして経験されるからである。前章でも指摘したが、他者が嘘をついている場面や、他者が本音を隠そうとしている場面ではこれが問題になる。ここでは「隠れたもの」として他者の心が現れる場面ではなく、「わからないもの」として現れる場面を取り上げておこう。再度指摘しておくが、ここで論じたいのは、他者の心的状態がもともと知覚不可能であるということではなく、自他の相互作用に応じて「わからない領域」をともなうものとして知覚されるということを意味する。

客体としての自己の身体が他者の存在と対になる経験について、ジャン＝ポール・サルトルがとても興味深い議論を残している。サルトルによると、身体は三つの存在論的次元に区別することができる。[32] 第一は、私が「私の身体を存在する」ような次元である。ここでの議論に沿って言えば、知覚や行為の主体として暗黙のうちに私がそれを生きているところの身体がこれに当たる。第二の次元は、他者にとって存在する限りにおいて問題になるような私の身体である。これは一種の客体としての身体とも言えるが、私自身の経験が問題にならず、他者にとって客体として経験されることだけが問題なので、本章での議論の射程から外れる。問題は第三の存在論的次元である。これは、他者によって認識される自己の身体を中心として、私自身の経験が構成されるような場面である。私が、他者によって認識される客体的身体として存在する次元、と言い換えてもよい。

自己は、他者が自己とは異なる主体性（主観性）を持ってそこに存在することに気づくだけの十分な共感の能力を備えている。しかしそうであるからこそ、他者が他者として何かを知覚しており、その知覚が自己の知覚とは異なっていたり、場合によっては、自分にはわからないものとして現れうることも知っている。サルトルは、自己と他者のこのような非対称性が客体としての自己の身体につきまとうことを、「身体の第三の存在論的次元」という概念で強調しているのである。彼は他者のまなざしについて次のように記述している。

他者のまなざしが現れるとともに、私の対象－存在、すなわち、超越されたものとしての私の超越があらわになる。対象としての自己（moi-objet）は、知り得ない存在として、他者への逃亡として、しかも私にその全責任があるような逃亡として、あらわになる。(33)

他者のまなざしにさらされることで、自己は自己の身体を、他者に見られるものとして経験する。まなざしが出現する出会いの最初の場面では、自己の身体と他者の身体はいかなるコミュニケーションによっても社会的文脈をいまだ与えられていない（通りすがりの他者と視線が合う場面を想定するとい い）。他者が私を肯定的に見ているのか否定的に見ているのか、まなざしそのものから読み取れることもそう多くはない。他者が自己をどう見ているのかは、コミュニケーションが安定して機能するまで、少しずつしか明らかにならない。加えて、サルトルが「超越」という言い方で強調しているように、他者が見ているその通りに私が自己の身体を見ることは不可能でもある。自己の身体であるにもかかわらず、他者の目に映る自己の身体は、私にとって知り得ない何かとして逃亡してしまうのである。

サルトルは、他者が知覚する自己が本質的に不可知であると見ている。筆者は直接知覚説に立つので、他者が自己をどう知覚しているのかまったく知り得ないとは考えていない。コミュニケーションを介してある程度理解することは可能だと考えている。ただし、出会いの最初の場面において、「他者が知覚する対象としての自己」が、自己にとって「知り得ないもの」あるいは「わからないもの」として現れてくることには同意する。他者が他者のパースペクティヴのもとで経験していることの「わからなさ」は、出会いの最初の場面ではとくに際立つ。またこれは、ひとが他者に共感する存在である以上、共感の裏側で必ずつきまとう。サルトルは他者のまなざしの経験を恥の感情に結びつけて記述しているが、筆者は、出会いの場面できわだつ他者のわからなさは、むしろ不安（社会不安）の

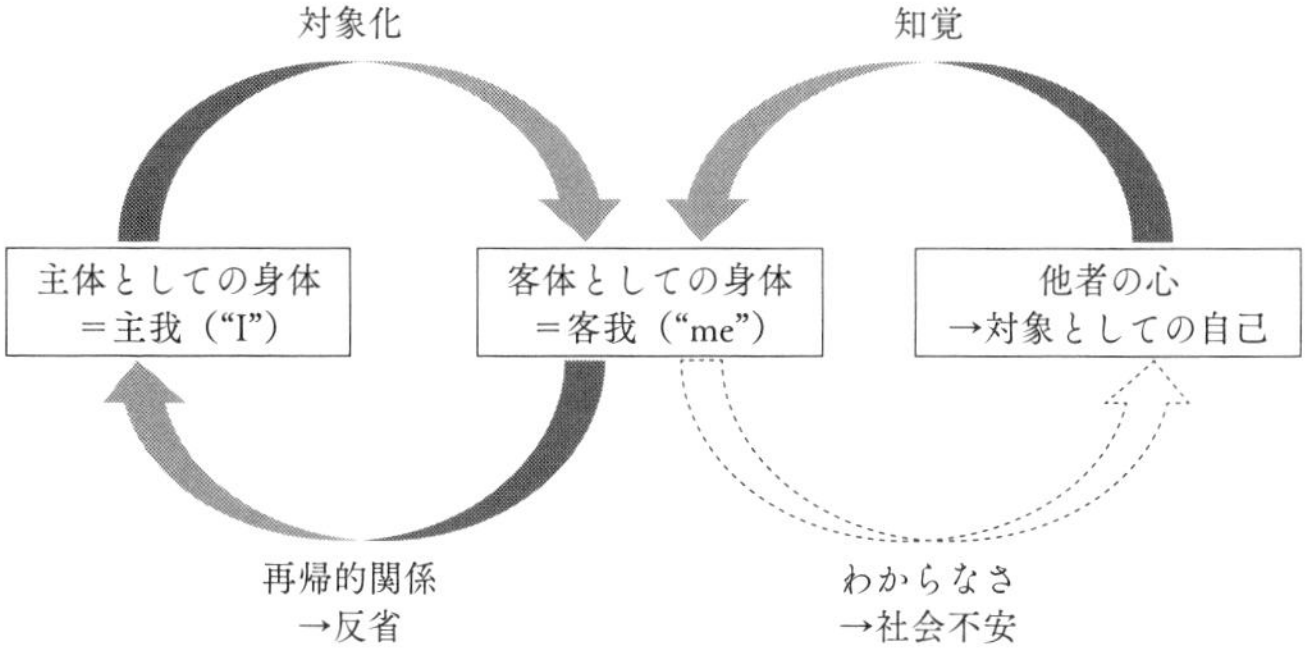

図3　他者のまなざしと社会不安

源泉であると考える。[34] というのも、恥ずかしさは他者による否定的な評価に対する反応を含んでいるが、ここで記述している「わからなさ」は、いまだ否定とも肯定ともつかない他者の反応の両義性に由来するからである。このような場面では、他者によって否定的な価値判断がなされることを織り込んだうえで「恥ずかしい」と感じるよりも、他者によってどう評価されるかわからないことへの予期的反応としての不安のほうが先立つであろう（図3）。

　不安の研究で知られる心理学者のロロ・メイは、過去の諸説を検討しつつ恐怖と不安を明確に区別する。[35] 恐怖が特定の危険をともなう対象や状況への反応であるのに対して（たとえばヘビを怖がったり高い場所を恐れたりする）、不安は特定できる対象を持たない。不安は、非特定的で、漠然としており、対象がない。不安をもっとも強く特徴づけるのは、何らかの危険を前にしたときの「不確かさ（uncertainty）」である。私にはこれから何かよくないことが起こるかもしれないし、起こらないかもしれない。しかしよくないことも起こりそうだという予期がはたらくとき、ひとは不安に襲われる。これは対人場面でも同様である。他者のまなざしは、自己を肯定的に評価するかもしれないし、否定的に評価するかもしれない。肯定的に評価されるだろうとの予期だけがはたらくなら、対人場面で不安を感じることはないだろう。しかし、他者が私を見ているその通りに私自身を見ることは、私にはできない。それは肯定的な評価のみだけでなく、否定的な評価になる可能性も含んでおり、この点で、他者による自己の知覚には払拭しきれない不確かさがつねに残る。とくに、相互行為の文脈がいまだ与えられていない出会いの始まりの場面では、この不確かさが際立って感じられる。そのため、不安の経験がつねについて回るのである。

6　二人称のメタパースペクティヴ

以上の考察をやや一般的な観点からまとめておこう。自己が身体化されていることは、一次的には知覚と行為の主体であることを意味し、前反省的なレベルでつねにすでに「自己」として成立していることを意味する。ただし、同じく身体化された他者との関係が生じると、自己はたんに前反省的な主体として自足できる状態ではなくなる。他者との関係は、第4章で見たように互いに共鳴しつつ相互行為を展開する関係だけでなく、他者によって知覚されたり、他者の行為の対象となったりする受動的な経験を含む。すでに見た通り、身体を介して他者によって客体化される経験を経て初めて、自己は、他者のパースペクティヴから把握しうるものとしての自己の存在に気づくことになる。他者に由来する外部のパースペクティヴを取り入れるとき、自己は、自己自身の経験を他者がするように客観的に振り返ること、すなわち反省することができるようになる。

改めてデカルトのコギトに言及すると、「われ思う、ゆえにわれあり」という反省的な意識作用を遂行することができる主体は、もともと他者との関係、とくに他者によって客体として知覚される経験を内面化することで成立している。ジェームズの議論をミードが補足している通り、主我（I）が客我（me）を志向する反省の経験は、他者が自己を客体として認識するのと同じしかたで、自己が自己自身を客体として認識することに他ならないのである。

私たちが本章で見出したのは、他者由来のパースペクティヴを内面化して反省することのできる自己は、そもそも自己とは異なる主体性を備える他者の存在に気づく「共感」の作用を持ち合わせている、ということだった。自己の外部の観点に仮想的に立って自己自身を見つめることができる自己は、それができるのと同程度に、他者を志向する感受性も持ち合わせている。その意味で、共感とは、社会的に拡張された反省に他ならない[36]。いわば、自己‐他者という二人称関係について、自己からも他者からも一定の距離を取って見られるような観点を、ひとは客体としての身体の経験を通じて獲得するのである。先に引用したフックスはこのような観点を「二人称のメタパースペクティヴ」と呼び、社会的認知の発達過程における重要な到達点であるとしている[37]。

ただし、自己を客体として俯瞰するメタパースペクティヴの成立は、「他者の他者性」への気づきを促すことにもなる。自己が自己として知覚し行為するところの身体は、他者が他者として知覚し行為するところの身体とは置き換えられない。したがって、ともに世界内で行為する主体として他者を理解することは可能であっても、その他者が他者として経験する知覚や行為をそのまま自己が経験できるわけではない。他者の主観的経験を、他者が経験するままに自己が経験することはできない。それができるとすれば、それは端的に自己の経験であって他者の経験ではない。当たり前のことだが、説明しようとすると煩雑になるこうした区別が一般に可能であるのも、自己の経験を自己の経験として、他者の経験を他者の経験として位置づけることができる二人称のメタパースペクティヴをひとが保持しているからである。

具体的な他者との出会いの場面では、時として他者の主観性が「わからなさ」として現れてくる。間身体的な共鳴が顕在化する以前、具体的なコミュニケーションが生成する以前、自己は自己であるもののいまだ他者と有効な関係を取り結ぶことができていない。他者は自己をまなざす存在として現れる。そのまなざしにどこか否定的なものを察知するとき、自己はこれから生じることの不確かさを感じて不安のなかに宙吊りにされる。他者に出会う経験は、共感の経験であると同時に不安の経験でもある。冒頭で記述した筆者自身の居心地の悪さも、このような社会不安に端を発するものだったのであろう。

注

（1）Merleau-Ponty, M. (1945). *Phénoménologie de la perception*. Paris, France: Gallimard. (p. 90)

（2）Husserl, E. (1952). *Ideen zu einer reinen Phänomenologie und phänomenologischen Philosophie* (Zweites Buch). The

Hague, Netherlands: Martinus Nijhoff.（p. 158）
（3）B・ヴァルデンフェルス、山口一郎・鷲田清一（訳）『講義・身体の現象学——身体という自己』知泉書館、二七—四〇
（4）市川浩（一九九二）『精神としての身体』講談社、八九
（5）L・S・ヴィゴツキー、柴田義松（訳）（二〇〇一）『思考と言語（新訳版）』新読書社
（6）河野哲也（二〇〇六）『〈心〉はからだの外にある』日本放送出版協会、四九—五〇
（7）James, W.（1890）. *The principles of psychology*（vol. 1）. New York: Dover Publications（reprint in 1950）.（pp. 291–401）
（8）田中彰吾（二〇一七）『生きられた〈私〉をもとめて』北大路書房、五〇—七一
（9）E・マッハ、須藤吾之助・廣松渉（訳）『感覚の分析』（二〇一三）法政大学出版局、一六
（10）American Psychological Association.（2015）. *APA dictionary of psychology*（second edition）. Washington, DC: American Psychological Association.（項目「body image」）
（11）Amsterdam, B.（1972）. Mirror self-image reactions before age two. *Developmental Psychobiology, 5,* 297–305.
（12）Butterworth, G.（1995）. Self as an object of consciousness. In P. Rochat（Ed.）. *The self in infancy*（pp. 35–51）. Amsterdam, Netherlands: Elsevier.
（13）Priel, B., & de Schonen, S.（1986）. Self-recognition: A study of a population without mirrors. *Journal of Experimental Child Psychology, 41,* 237–250.
（14）Gallup, G. G.（1977）. Self-recognition in primates: A comparative approach to the bidirectional properties of consciousness. *American Psychologist, 32,* 329–338.
（15）浜田寿美男（二〇〇二）『身体から表象へ』ミネルヴァ書房、一一三—一八〇

（16）Reddy, V. (2008). *How infants know minds.* Cambridge, MA: Harvard University Press. (pp. 120–149)
（17）Tomasello, M. (1995). Joint attention as social cognition. In C. Moore, & P. J. Dunham (Eds.), *Joint attention: Its origins and role in development* (pp. 103–130). New York, NY: Psychology Press.
（18）Fuchs, T. (2013). The phenomenology and development of social perspectives. *Phenomenology and the Cognitive Sciences, 12,* 655–683. (p. 667)
（19）Rochat, P., & Botto, S. V. (2021). From implicit to explicit body awareness in the first two years of life. In Y. Ataria, S. Tanaka, & S. Gallagher (Eds.), *Body schema and body image: New Directions* (pp. 181–193). Oxford, UK: Oxford University Press.
（20）R・ザゾ、加藤信義（訳）（一九九九）『鏡の心理学』ミネルヴァ書房、一一一―一二九
（21）G・H・ミード、稲葉三千男・中野収・滝沢正樹（訳）（二〇〇五）『精神・自我・社会』青木書店
（22）Blakemore, S. J., Frith, C. D., & Wolpert, D. M. (1999). Spatio-temporal prediction modulates the perception of self-produced stimuli. *Journal of Cognitive Neuroscience, 11,* 551–559.
（23）Shimada, S., Fukuda, K., & Hiraki, K. (2009). Rubber hand illusion under delayed visual feedback. *PLOS ONE,* 4(7): e6185
（24）Husserl, E. (1950). *Cartesianische Meditationen und Pariser Vorträge.* The Hague, Netharlands: Martinus Nijhoff. (pp. 121–175)
（25）Husserl, ibid., p. 143.
（26）D・ザハヴィ、中村拓也（訳）（二〇一七）『自己と他者』晃洋書房、一一三―一五三
（27）Husserl, E. (1952). *Ideen zu einer reinen Phänomenologie und phänomenologischen Philosophie* (Zweites Buch). The Hague, Netherlands: Martinus Nijhoff. (pp. 162–172)

(28) Husserl, E. (1973). *Zur Phänomenologie der Intersubjektivität. Texte aus dem Nachlass. Dritter Teil. 1929–35.* The Hague, Netherlands: Martinus Nijhoff. (p. 242)
(29) Depraz, N. (2001). The Husserlian theory of intersubjectivity as alterology. *Journal of Consciousness Studies, 8,* 169–178.
(30) Goldman, A. (2006). *Simulating minds: The philosophy, psychology, and neuroscience of mindreading.* Oxford: Oxford University Press.
(31) S・ギャラガー＆D・ザハヴィ、石原孝二・宮原克典・池田喬・朴嵩哲（訳）（二〇一一）『現象学的な心——心の哲学と認知科学入門』勁草書房、二五七—二九七
(32) Sartre, J.-P. (1943). *L'être et le néant.* Paris, France: Gallimard. (pp. 392–400)
(33) Sartre, ibid., p. 392.
(34) Tanaka, S. (2020). Body-as-object in social situations: Toward a phenomenology of social anxiety. In C. Tewes, & G. Stanghellini (Eds.), *Time and body: Phenomenological and psychopathological approaches* (pp. 150–169). Cambridge, UK: Cambridge University Press.
(35) May, R. (1977). *The meaning of anxiety* (revised edition). New York, NY: W. W. Norton & Company.
(36) Tanaka, S. (2019). Bodily origin of self-reflection and its socially extended aspects. In W. J. Silva-Filho, & L. Tateo (Eds.), *Thinking about oneself: The place and value of reflection in philosophy and psychology* (pp. 141–156). Cham, Switzerland: Springer.
(37) Fuchs, op. cit.

第6章 自己・他者・ナラティヴ

1 ミニマル・セルフを超えて

駅に向かって歩く。クルマを運転する。水を飲む。友人にあいさつする。黒板に文字を書く。音楽を聴く。自転車に乗って出かける。どのような経験を例に取ってもいいが、何らかの経験が生じているとき、そのことに私は気づいている。ここで「気づく（be aware of）」または「気づき（awareness）」という言い方で表している意識の作用は、「反省（reflection）」と呼ばれる作用とは異なる。反省は、当の経験が過ぎ去った後でそれを振り返る作用であり、ひとつの経験のまとまりを、外側から対象化してその意味を確かめる作用である。たとえば、田口茂があげているドアノブの経験を例にするとわかりやすい(1)。ドイツで鍵を錠に差し込んで回し、ドアノブをひねって開けようとしたがドアが開かない。そのままもう一回鍵を回すと開くのだが、初めてドイツに行くとそのことがわからない。このとき、ドアが開かない瞬間まで自分のしている当の行為に付随している意識作用が気づきである。他方、ドアが開かないことを認知したところで、その瞬間に至るまでの経験を振り返ってどういうことかを吟味する意識作用が反省である。

つまり、反省はある経験に対する違和感とともに生じるのに対して、気づきとは、いまここで生じている経験そのものに付随している意識作用である。反省は、経験のあり方によって生じたり生じなかったりする。それに対して、気づきは、経験とともにつねに生じており、はっきりした始まりも終わりもないように見える。このような気づきの特徴を指して、しばしば「前反省的(pre-reflective)」と呼ぶ。反省が生じる以前からはたらいている意識作用という意味である。ある経験から別の経験へと、経験のまとまりが切り替わるとき、気づきは一瞬途切れているようにも思われるが、その瞬間そのものには気づくことができない。もっと正確に言うと、私が何かに気づいている状態は何かを経験している状態と同じであって、何ものにも気づかない瞬間はそもそも「経験」という言葉で含意できない。それは「無意識」であるとしか言いようがない。

気づきは漠然としている。しかしあらゆる経験にともなっている。あらゆる経験が、気づきとともに経験されていることを指して、現象学ではしばしば「生きられた経験(lived experiences)」と呼ぶ。

生きられた経験を反省へともたらし、生きられた経験の構造と意味を理解することが現象学の重要な使命である。さしあたりいま注目しておきたいのは、何らかの経験が生じているとき、経験主体である私はつねにそのことに気づいているという事実である。別の言い方をすると、何らかの経験をしているとき、経験主体はそれが「私の経験」として生じていることに気づいている、ということである。これは、もっとも始原的な自己感覚であろう。ダン・ザハヴィが的確にこの点を要約している。

> 自己‐懐疑論者の何人かが主張しているのとは反対に、経験とは別の何かとして、あるいは経験の上にある何かとして、自己を考える必要はない。また、自己と経験の関係を、所有という外的関係として考える必要もない。この、前反省的な私のものという感じ（sense of mineness）に、ミニマルな、あるいは核心的な自己の感覚を認めることもできるのである。[2]（強調は引用者）

反省を通じてひとつの経験を振り返り、その経験を私がしたとか、その経験が私の経験だったと明確に意識する以前から、自己は成立している。何らかの経験が生じているとき、反省以前の気づきとして、「この経験は私の経験である」という感じがともなっているため、ここに最小の自己、ミニマル・セルフを認めることができる。

第2章でも触れたが、ミニマル・セルフを認知神経科学の研究と接続するうえで大きな役割を果たしたのが、ギャラガーの二〇〇〇年の論文だった。[3] ギャラガーは、当時すでに解明が進んでいた運動行為の神経科学の文脈に沿って、ミニマル・セルフの構成要素を明確にしようと試みた。たとえば、コップに手を伸ばすという行為を遂行している最中、私はそれが私の行為として生じていることに気づいている。また同時に、手を伸ばそうとしたのは私であり、私がその行為を引き起こしたということにも気づいている。ギャラガーは前者の感じを「所有感（sense of ownership）」、後者の感じを「主体感（sense of agency）」と呼んで区別した。通常の意図的な運動行為では両者は分かちがたく結びついているが、不随意な運動に沿って考えると、理論的な区別は明確になる。たとえば、誰かに腕を持って動かされているとしても、その腕の動きは「私の経験」として感じられる。不随意な運動の場合であっても、所有感は依然として生じている。しかし、このような経験では、腕を私が動かしているという主体感は生じない。したがって、不随意な運動まで広げて考慮すると、ミニマル・セルフの構成要素は所有感と主体感に区別できることになる。

このような観点からすると、主体感については、第1章でも取り上げた運動の内部モデルに沿って解明できることが多々ある。たとえば、統合失調症の症状のひとつとして見られる作為体験（他者によって身体が動かされると主観的に感じる経験）は、所有感ではなく主体感の障害として理解できる。最初、自分で身体を動かそうとしたとしても、運動司令の遠心性コピーが生成していないとすると、必要な運動を逆算して調整したり（逆モデル）、変化しつつある環境の予測に合わせて運動を微調整したり（順モデル）といったことができなくなる。こうした事態がサブパーソナルな（気づきの届かない神経生理学的な）レベルで進行していると、経験のレベルでは、まったく予測できないしかたで身体が動いているように経験されるかもしれない。そのため、「私が動かしている」という主体感が生じてこないのだろう。結果として患者は、「他者によって身体が動かされる」と感じてしまうのかもしれない。[4]

やや角度を変えて言うと、主体感は、行為を起こそうとする自発的な意志に対して、それに応じる結果（その感覚的フィードバック）がともなうときに生じるとも言える。[5] この点を検討する実験パラダイムとして、パトリック・ハガードらが考案した「インテンショナル・バインディング」が広く利用されてきた。[6] 彼らの最初の実験では、自発的な意志で手を動かしてキー押しを経験するグループと、TMS（経頭蓋磁気刺激：磁気刺激を脳に与えて特定の領野を活性化する方法）を用いて運動野を刺激することで不随意に手を動かしてキー押しを経験するグループが比較されている。どちらの条件でもキー押しの二五〇ミリ秒後に音が聞こえる設定になっているが、随意運動のグループではキー押しから音が聞こえるまでの時間が二五〇ミリ秒より短く報告された。つまり、行為の意図（インテンション）を持つことで、行為とその結果の知覚までの時間差が、より短く結びつけられる（バインディング）傾向が見られることが明らかにされた。主体感がある場合とない場合との差異を、行動実験によって定量的に評価することができるようになったのである。

他方、所有感のほうは、もともとの意味合いのまま実験に落とし込むことが難しい。多くの研究で用いられてきたのは、経験の所有感ではなく、身体の所有感を測定するという方略だった。第2章で取り上げたラバーハンド錯覚の実験を用いると、ゴムの手があたかも自分の手であるかのような所有感を引き起こすことができる。実験の設定がさまざまなしかたで変更され、どのような条件のときに所有感が生じるのかが検討されてきた。前章でも紹介した通り、ゴムの手と本物の手とのあいだに一定の時間的・空間的な整合性がないと所有感が生じにくくなる。時間的には、なでるタイミングを約三〇〇ミリ秒ずらすと急激に所有感が低下していくし[7]、空間的には、ゴムの手の向きを本物の手と逆向き(指先が体幹を向いている場合)にして不一致にすると、やはり所有感は生じにくくなる[8]。単純化して言うと、仮想身体に由来する視覚的な知覚が、一定の時間的・空間的な整合性をともなっている場合は、「私の身体である」という所有感が仮想身体にも生じうるということである。このような所有感が、本物の身体(生物学的身体)に発生する所有感をどこまで説明しうるのかが、今後の研究ではひとつの焦点になると思われる。というのも、第3章で見た通り、触覚というモダリティは特権的な位置を占めているからである。そもそも、触覚を介した再帰的感覚があって初めて、身体は身体として構成される。現象としてみると、本物の身体には、触覚的経験(いわゆる固有感覚)を通じて「私の身体」という所有感が最初から付随しているようにも見える。これは、ラバーハンド錯覚のように多感覚統合から派生する所有感と比べて、より基底的な現象であると思われるのである。

いずれにせよ、以上のような経緯で、ミニマル・セルフの研究は二〇〇〇年ごろから現象学と認知科学を架橋する学際的領域で大きく進展してきた。ただし、これだけでは、自己の全貌を描くにはほど遠い。もともと、ギャラガーの論文は認知科学における研究上の示唆を与えるために、自己をめぐる哲学的議論を思い切って二つに区分するものだった。そのひとつがミニマル・セルフだったのだが、同時に提案されたナラティヴ・セルフ（物語的自己）の側は依然として手つかずのまま残されている。両者の最大の違いは経験の時間性にある。ミニマル・セルフは、何らかの経験が生じていればつねにそれにともなっている主観性であり、最小の時間幅があれば成立する。反省的に過去を振り返ったり、未来を展望したりすることがなくても、現在の身体行為や知覚経験があればそれで十分なのである（もちろんその場合も一定の厚みのある現在が必要ではある）。他方、ナラティヴ・セルフは、いま進行中の行為とは異なる時間的な局面を含むことで初めて成立する。過去のさまざまな出来事を振り返りながら、現在の自己のあり方がそれらと連続していることを実感したり、未来に向かって展望を思い描きながら、現在の自己のあり方を考えたり、という認知的操作を通じてナラティヴ・セルフは成立している。つまり、進行中の経験が反省によって区切られ、それが過去の記憶や将来の展望として現在の経験と結びつくという契機がなくてはならない。

ただし、ミニマル・セルフとナラティヴ・セルフを一見してこのようにわかりやすく区別してしまうと、両者の連続性が見えなくなるという問題が残る。先の引用で、ザハヴィは、ミニマル・セルフを擁護しながら、「経験とは別の何か」「経験の上にある何か」として自己を考える必要はないと述べていた。ミニマル・セルフとナラティヴ・セルフをあまりに明確に区別すると、ミニマル・セルフは経験と一体になって生じている自己として、ナラティヴ・セルフのほうは、いま・ここで生じている「経験とは別の何か」「経験の上にある何か」として位置づけるしかなくなるだろう。そして、こうした理解によってナラティヴ・セルフがひとたび直接経験から引き離されてしまうと、それは結局のところ、記憶をもとにした個人的な物語という一種の「フィクション」として構成される何かへと還元されることになりかねない。こうなると、ミニマル・セルフ論が否定していた自己懐疑論者の主張、つまり「自己は一種の幻想であって存在しない」という議論が、少なくともナラティヴ・セルフの次元では成立することになってしまう。

本書は、このような自己懐疑論の立場を取るものではない。本書の出発点は「身体化された自己(embodied self)」にあった。ミニマル・セルフは身体化された自己よりも狭い概念である。ミニマル・セルフが気づきとともに成立しているとすると、反省とともに出現する自己もまた、身体化された自己の別の局面である。第5章での議論を通じて見てきた通り、反省という意識作用には、明確な身体的基盤がある。自己がみずからの身体を知覚するとき、自己身体は、一方で「知る主体(I)」として、他方で「知られる客体(me)」として、再帰的に経験される。これが、「私が私自身を意識する」という反省的自己の原型となっていた。しかも、重要なことに、自己身体が知覚の客体として現れる場面は、自己との再帰的関係よりも、むしろ他者によって自己身体が知覚される場面に多くを負っていた。他者に見られたり触れられたりする経験を通じて、自己の身体がひとつの客体になることを経験することで、自己の身体を自分で知覚することが動機づけられる。そして実際にそうすることで反省的な身体経験が成立するのである。

また他方で、身体的自己はつねに他者との関係の中にある。第4章で見た通り、自己の身体は生まれ落ちた最初の瞬間から、他者の身体と共鳴するような存在でもあった。個体としてすでに成立した

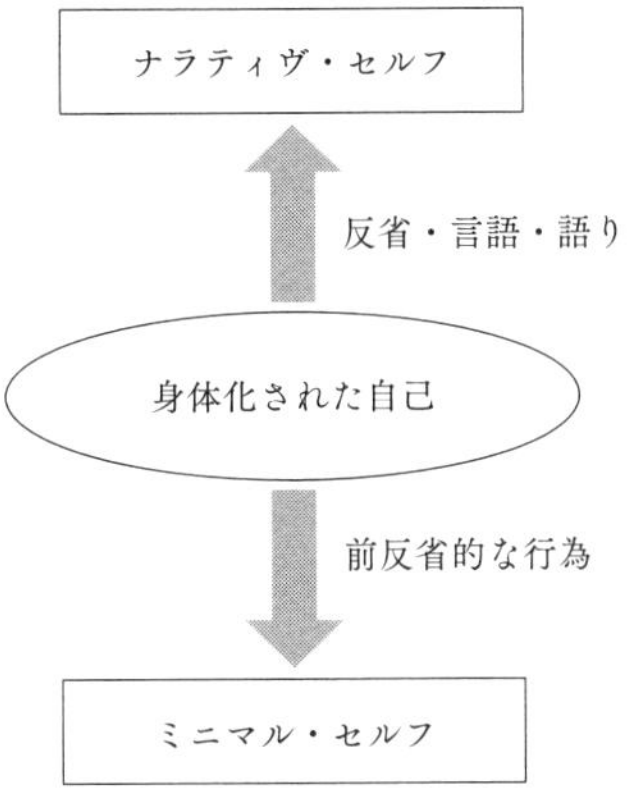

図1　身体化された自己，ミニマル・セルフ，ナラティヴ・セルフ

状態として身体をとらえるならば、ミニマル・セルフは、あたかも最初から孤立した自己感として成立するように見えるかもしれない。しかしそのようなとらえ方は発達的には必ずしも正しくない。おそらく、胎児の段階から、ランダムな身体運動を通じて母親の子宮という外壁を感じることで、じょじょに個体としての輪郭を備えた身体図式を発達させていく過程があるのだと思われる。その過程では、母親が運動するさいの全身のリズムや、母親が発する声を通じて、感覚運動的な交流が生じているに違いない。その意味で、身体化された自己はその始まりから他者の身体との社会的関係の中にある「身」として考えておく必要がある。

　このような観点に立つ本書からすると、ミニマル・セルフとナラティヴ・セルフは明確に断絶した自己の二つの様式には見えない（図1）。ミニマル・セルフが身体的経験として成立しているなら、反省的自己もまた身体的経験として成立している。そして、身体的経験は最初から他者の身体との感覚運動的交流のなかで形成され、改めて他者の他者性と向き合うときに、自己の自己性を形成するような発達的経路をたどる。本書のここまでの議論からすると、身体化された自己が、他者との社会的実践を経て、ナラティヴ・セルフへと至る過程があるものと推測されるし、その過程の解明は今後研究を進めるべき重要な課題である。その全体像を明らかにすることは本書の役割を超えているが、以下、この章で試みておきたいのは、いくつかの鍵になる論点を整理して提示しておくことである。

2 共同注意と発話

コルウィン・トレヴァーセンは、間主観性を一次的なものと二次的なものに区別することを提案している(9)。一次的間主観性とは、発達の最初期から乳幼児が見せる共鳴的な相互作用に媒介されて成立する、乳幼児と養育者の二者間での間主観性である。第4章で見た通り、乳児は養育者が発する声・動き・表情などを知覚しながら、それに呼応しつつ身体をリズミカルに動かしたり発声したりする。「いないいないばあ」を思い浮かべてもらうとわかりやすいが、表情・ジェスチャー・発声などの身体的相互作用を介して、運動のリズムと、喜びや驚きのような情動的トーンが乳児と養育者のあいだで共有され、非言語情報を中心とする原会話としての音楽的なコミュニケーションが展開する。このように、間身体性を基礎として自己と他者の二項関係において展開する過程が一次的間主観性である。

これに対して、自己と他者の相互作用が共通の状況に媒介されて進展する過程が二次的間主観性と呼ばれる。第4章でも見た通り、一〇―一一カ月児は、連続して行動する大人の様子から、ひとつの意図を持った行為を分節して知覚できるようになる。たんに動いている他者の身体を知覚しているのではなく、意図に沿って環境にはたらきかける行為主体として他者の身体を知覚しているのである。このことの潜在的な意義は大きい。行為は身体のみで成り立つわけではなく、つねに周囲の環境を巻き込みながら成立し、環境のなかに埋め込まれている。したがって、他者を行為主体として知覚できるようになることは、潜在的に、他者の身体を、自分がいるのと同じ環境を共有しつつ行為する存在とみなす態度をともなう。実際、一四カ月児を対象とした実験では、大人が物を落として手が届かない様子を見せると、それを見た幼児が拾って大人に手渡す、という援助行為が観察される[10]。乳幼児は大人と同じ環境を共有しながら、物体という第三項を介して相互作用ができるようになっていくのである。

このような変化を支えるうえで重要な役割を果たしているのが、第5章で取り上げた共同注意である。乳幼児は、養育者の視線を追跡しながら、その視線の先にある対象へと注意を向けることができるようになる。九カ月から一八カ月児を対象として実施された研究によると、健常児は自閉症児に比べて、他者の視線とその視線の先にある対象とのあいだを往復しながら、他者が見ている対象をよりはっきりと確認しようとしており、これが他者の意図の理解を促進している[11]。明らかに、共同注意においては、「他者が見ている対象を自己もまた見ることができる」という三項関係のもとで経験が生じている。赤ちゃんはもはや、たんに哺乳瓶やぬいぐるみと関係を結ぶだけでもなければ、たんに母親や父親と関係を結ぶだけでもない。哺乳瓶やぬいぐるみは、自己の知覚にも他者の知覚にも共通に現れる。共同注意を介して、自己が知覚する世界は、他者にも知覚できる間主観的な世界へと変貌していくことになる。

自己－他者－対象という三項関係における特定の様式でのコミュニケーションは、乳幼児が汎化可能な知識を学習するうえで重要であると言われる。チブラとゲルゲイは「ナチュラル・ペダゴジー（自然の教育学）」という概念で、養育者と乳幼児のあいだのコミュニケーションが、たんなる観察を通じた学習よりもきわめて的確に知識を伝達すると主張している。[12] 彼らによると、乳幼児が無数に観察している出来事のうち、知識として伝達すべき内容を含むものは、養育者によって明示的コミュニケーション（ostensive communication）を通じて伝えられる。養育者は、声かけやアイコンタクトを通じて乳幼児の注意を引きつけ、これから伝達すべき情報があることを明示する。さらに、視線や指差しといった明示シグナルを利用することで、特定の状況や特定の対象の状態について注意を共有する。逆に乳幼児のほうは、視線や指差しのように明示的シグナルを敏感にとらえる傾向があるため、このようなコミュニケーション場面では、養育者が何らかの情報を伝えようとしていることへの準備ができるという。乳幼児にとって、三項関係における明示的コミュニケーションは、日々無数に知覚する出来事、対象、状況のうち特定のものに選択的に注意を向け、情報を吸収する場面になっているということである。チブラらはこのようなしかたで、特定の場面における特定の情報が、汎化可能な知識として伝達されるとしている（たとえば「電池は口に入れてはダメ」「スプーンは柄の部分を手で握るもの」といったように）。

二項関係における発声と三項関係における指差しが結合すれば、萌芽的な言葉の利用につながることは容易に見て取れるだろう。実際、そのことを示唆する発達心理学の研究もある[13]。対象を指差して示すことで注意を共有できる状況で、対象を指示する音声を重ね合わせることができれば、それはそのまま言葉として機能する。たとえばミニカーを指差しつつ「ブーブー」と声を出すような場合である。注意しておきたいのは、言葉が獲得される最初の段階では、それが具体的な指示対象と結びついているという点である。言語使用が当たり前にできる成人のレベルで考えてしまうと、言語は、音声や文字（能記）と意味されるもの（所記）を結びつけているだけで、現実の世界とは切り離された象徴的世界を扱うものに見える。しかし、言語の獲得はもともと共同注意の延長線上にあるのであって、自己と他者が身体的な相互行為を行っている共通の環境を背景として生じるものである。つまり、音声を介して現実を間主観的に共有する道具として言語は始まり、知覚可能な現実に根ざした状態で学習されるのである。

この点は、ナラティヴについて考えるさいも忘れるべきではない。ナラティヴ論を心理学的な概念として最初に整理したのはジェローム・ブルーナーだったが、彼は、乳幼児の共同注意に始まる間主観的な世界（トレヴァーセンの言う二次的間主観性）が、ナラティヴの交換を通じて社会・文化的世界に拡大することにも着目している[14]。つまり、人々が言語的活動を通じて構築している文化的世界は、もともとは共同注意を通じて共有される知覚的世界に由来し、そこでの出来事をさまざまに語り合って共有することで、知覚可能な環境世界から、直接知覚を離れた文化的世界へと広がっていくのである。発達的には、幼児は二歳を過ぎるころに多語文（三語以上の語彙の組み合わせからなる文章）を発話することができるようになり、他者との相互作用のなかで自分の目撃した出来事について語るようになる。(15) たとえば、「兄ちゃんおメメ痛い（兄は目が痛い）」「小さいネコいる」といった表現である。身近な出来事を描写する素朴な発話だが、これらもすでにナラティヴの性質を持っている。ナラティヴは、ナラティヴ・セルフを構成する自己についての物語である以前に、最初は、自分の目撃した出来事についての描写として始まる。また、最初のナラティヴは、他者に向かって発せられることで、他者と間主観的に共有できる現実を、知覚的経験の外側に向かって拡大する役割を果たしているのである。

3　ふり遊びと想像力

ナラティヴが間主観的に共有された知覚的現実の延長線上に出現することと合わせて、身体性とも連続していることを別の例で確認しておこう。ここで言及しておきたいのは「ふり遊び（pretend play）」である。ふり遊びは、積木をミニカーに見立てて遊ぶような「見立て遊び」や、ままごとやヒーローごっこのような「ごっこ遊び」のように、想像上の世界を現実に重ね合わせて行う遊びの総称である。幼児の遊びの研究者であるキャサリン・ガーヴェイは、ふり遊びを「あたかも（as if）」という構えとともに遂行される遊びと定義している[16]。つまり、積木がミニカーでないことや、目の前の砂場がキッチンではないことを幼児は理解しているのだが、あたかもそうであるかのようにみなして遊ぶということである。想像された状況の中にあたかも自分がいるかのようにふるまいながら遊ぶため、ふり遊びを実践する幼児は、現実とは別の可能性として心的に表象されたものを、現在の状況に対して意図的に投射する認知能力を持っているとも指摘されている[17]。

このように記述すると、現実とは異なる自律的な想像上の世界が幼児の側にすでに出来上がっていて、それが現実に重ね合わされるという順序で理解されるかもしれない。発達心理学で以前から主流となっている立場も、知覚的表象よりも上位の表象である「メタ表象」を知覚対象に重ね合わせる認知能力の発露として、ふり遊びを位置づけている[18]。ところが、詳細に分け入っていくと、必ずしもこのような理解が正確ではないことが理解できる。発達心理学者のヴァスデヴィ・レディは、一般的なふり遊びが現れる二歳ごろよりもずっと早い生後九カ月ごろの段階で、他者との身体的な相互行為のなかで初歩的なふり遊びが現れると指摘している[19]。この萌芽的ふり遊びは、見立てやごっこを含まず、行為の意図を偽装するものである。たとえば、ボールをやりとりする場面で、ボールを渡そうとするふりをして手を引っ込める、といったことである。ここでの「ふり」は、想像の世界を現実に重ね合わせることに遊びの真意があるのではない。あたかも相手に物をあげるようなふりをして実際にはそうしないことで、相手が驚く様子を見て喜んでいるのである。

この現象は、第４章で論じた「場の規範性」の観点から理解することができるだろう。幼児と大人のあいだで身体的なやりとりが安定的に繰り返されると、そこに一定の性質を持った場が形成され、パターン化された相互行為がそこでの規範となるような状態を生み出す。幼児はそのことを逆手にとって、自分が物を差し出せば相手は受け取るだろうと直感しており、あえてその規範を破ると相手がどう反応するのかを試しているのである。スティル・フェイスの実験では、母親が幼児の期待を裏切っていた。ここでは逆に、幼児が場に対する大人の予期を裏切ることで、相手の反応を確かめることに遊びの真意がある。これは、想像の世界を現実に重ね合わせるというよりは、他者が予期しているのとは違うしかたで自分が行為すると他者はどうするだろうか、という可能性を試しているというほうが適切であろう。現実とは別の次元で想像がはたらいているわけではなく、むしろ、遊びを通じて現実から分岐する可能性の領域を見出しているように思われる。

この点を、ふり遊びのもうひとつの起源とともに考えてみよう。発達心理学者の麻生武は、生後一年ごろに始まる「行為の模倣」としてのふり遊びについて、メタ表象という認知能力を前提とせずに理解できると指摘している[20]。幼児は一般に一歳ごろになると、空のコップを口につけて飲むふりをしたり、絵本の果物をつかんで食べるふりをしたりするようになる。これらは、はっきりとしたふり遊びの意図を備えているわけではなく、もっと単純な行為の模倣、すなわち「まね」として生じている。幼児は、空のコップを口に持っていっても何かを飲むことができないことはわかっているし、絵本の果物は実際にはつかんだり食べたりできないこともわかっている。にもかかわらず、行為の模倣が繰り返し生じるのは、いわばシミュレーションを繰り返すことで、「コップ」や「果物」といった安定した対象の表象を形成している、というのが麻生の指摘である。

この点に関連して、ブルーナーによる表象の発達理論を振り返っておくことが参考になる。ブルーナーは、幼児の獲得する心的表象が、「行為的（enactive）」「図像的（iconic）」「記号的（symbolic）」という三段階を経て発達すると論じている。[21] この区別から言うと、行為の模倣は、萌芽的な表象としての行為的表象（enactive representation）を構成している。たとえば、ミルクの入ったコップは「飲む」という行為とともに知覚される対象であるが、同じ対象はミルクが入っていない空の状態でも「飲むまね」という行為の模倣が可能な対象としてそこに現れている。絵本の果物も同様である。果物は、絵として描かれている状態でも「つかむまね」「食べるまね」という行為の模倣が可能な対象としてそこに現れている。つまり、空のコップや描かれた果物は、現実の行為とカップリングされないものの、行為の可能性をそこに投射できる知覚対象として現れている点で、行為的表象になっているのである。

このように考えると、起源におけるふり遊びは、メタ表象を対象に向かって投射する以前に、そもそも「表象」と呼びうる何かを生み出していると見なくてはならない。この構造は、レディが記述するコミュニケーション場面におけるふり遊びと類似している。いずれの場合も、あたかもある行為を遂行できるかのような態度でふるまうことで、通常の行為に対応する知覚的現実から派生する想像上の世界を見出しているのである。二歳ごろになって成熟する通常のふり遊びは、もともとこうして見出された想像上の世界を、より明示的なしかたで知覚的現実のうえに重ね合わせることで成立しているのであろう。

確認しておきたいのは、ひとの想像力が身体化された行為にその起源を持っているということである。第1章で身体イメージについて取り上げたさいに論じたが、身体図式は、知覚された現実に対して、みずからのスキルにもとづいてさまざまな行為可能性を投射している。またその反響として、現実にはたらきかけうるさまざまな可能性を運動的な身体イメージとして受け取っている。運動スキルが問題になる場面では、「次にこのように動けばボールにうまく手が届くだろう（そしてキャッチした後で投げ返すことができるだろう）」といったしかたで環境との相互作用を円滑に遂行している。これは、対人的なコミュニケーション場面でも同様である。たとえば、他者とやり取りしている場面では、「相手に対してこういう応答をすることができる（また、そうすれば相手はこのように返してくるだろう）」とか、「この状況では次のように発言することができる（そうすれば周囲はこのように反応するに違いない）」といったことである。このような想像力は、発達上の起源をたどると、ふり遊びの能力に帰着する。他方で、想像力はもともと、身体がそこに根を下ろしている知覚的現実からまったく自由に発動するものではなく、むしろ高度に展開した知覚的能力である。想像力はエナクティヴィズムと生態学的な観点から理解できるのである。

ふり遊びで培われる「あたかも（as if）」という構えで世界と相互作用する能力は、ひとがみずからの経験をナラティヴとして構成するさいに不可欠な認知能力である。というのも、ひとつひとつの出来事は相対的に独立した経験として与えられるのに対して、そこにあたかも物語のような一定の筋書きがあるかのような観点を見出すことができなければ、自己の経験をナラティヴとして語ること自体が不可能だからである。ナラティヴは、たんにエピソード記憶が集まれば自然に派生するわけではなく、そこに一定の推論（自伝的推論）を加えてストーリーとして見るときに初めて成立する。[22] ふり遊びで獲得される「あたかも」という視点は、一貫した想像力を重ね合わせて現実を理解する自伝的推論の能力を下支えしているように思われる。

4　反実仮想的思考

以上の通り、ナラティヴは一方で自己と他者が共有している現実にも連続しているし（共同注意）、身体がそこに可能的行為を読み込むところの現実にも根ざしている（ふり遊びと想像力）。ただし、ナラティヴはひとが言葉を使って構成する語りであり、知覚的現実から決定的に離脱して想像力が展開する様式をひとつ含んでいる。それは反実仮想的思考（counterfactual thinking）である。[23] 先に、幼児－大人の二項関係におけるリズミカルな発声を通じた相互行為と、幼児－大人－対象という三項関係におけるる指差しのジェスチャーが結合すれば、萌芽的な言葉の使用につながると指摘した。発話の発達的経路としてこのような過程は確かにあると思われるが、もちろんこれだけで言語の機能すべてが出来上がるわけではない。指差しがその対象として指示できるのは、間主観的に共有される現実の枠内に存在しているものだけであって、知覚的現実に現れていないものを直示的に指差すことはできない。

他方で、ふり遊びがもたらす想像的世界は、知覚的現実のうえに重ね合わせることができる行為の可能性によって導かれるもので（たとえば、同じようにつかむことができるから、積木はミニカーという想像を引き出してくる）、事実に反する状況を想像可能にするわけではない。

ところが、言葉は、「〜ではない」という否定形をその用法に含んでいることで、事実とは反対の状態、知覚的現実としては与えられていない状態、現実には存在しない状態を描写することを可能にする。この言語の機能がひとの想像力にもたらす変化はきわめて大きい。現実には特定の状況が生じているが、「もしもその状況が与えられていなければ」という仮定にもとづく想像を可能にするからである。いろいろな例をあげることができる。「もしも雨が降っていなければ」「もしもこの電車に間に合っていなければ」「もしもこの大学に合格していなければ」など、どちらかというと具体的な状況に結びついたものもあるだろう。また、「もしも私がこの両親の子どもではないとしたら」「もしも私がこの性別の肉体ではなかったとしたら」「もしも私が生まれていなかったとしたら」など、ライフストーリー全体を書き換えてしまうようなインパクトを持つものもありうる。すべては、現実の状況の否定とともに始まる想像である。

反実仮想的思考は、マックス・シェーラーが「世界開在性（Weltoffenheit）」と呼んだものを身体化された自己に付与することになる。[24] シェーラーは、生物学者ヤーコプ・フォン・ユクスキュルの環世界論の影響も受けながら、生物が生きている「環世界」と人間が生きている「世界」との違いを「世界開在性」という概念で論じている。ユクスキュルによると、生物はそれぞれの種に応じた環境を生きている。種ごとに違った身体を持ち、それぞれの身体に備わった運動器で反応でき、感覚器で感知しうるような刺激の集合体としての環境において生きているのである。また、そうした身体によって適応できる環境に定着することが基本的な生存方略であって、特定の環境を離れることは生物にとって大抵の場合は死を意味する（陸に上がった魚を想像するとよい）。いわば、「身のまわり」に与えられた世界に適応して生きるしかない点で、生物が生きているのは「環世界」である。人間ももちろん生物ではあるので、種として持ち合わせた身体によって適応できる環境を外れて生存できるわけではない（酸素のない環境では生きられない）。しかし、人間はこのような環世界だけに拘束されて生きているわけではない。一般的な生物と違って、人間は身のまわりに与えられた環世界を全体として対象化することができる。シェーラーによるとこれは「精神」の能力である。精神は、知性・情動・意志のすべての作用を包括的に備えている存在で、「人格」とも言い換えられる。シェーラーによると、種の身体と対になって現れるのが環世界だったとすると、精神＝人格と対になって現れるのが「世界」なのである。

　このような観点を、ここでの議論の文脈に寄せて考えてみよう。ひとの身体はそもそもきわめて高い学習能力を備えているし、道具を用いて環世界を進んで改変するだけの制作能力も持ち合わせている。これはもちろん、他の動物とは比較にならないほど神経系が飛躍的に複雑な進化を遂げていることにも対応している。神経系が複雑化しているということは、感覚器から受け取った刺激と、運動器を通じて環境にはたらきかける反応とのあいだに、高度に分化した情報処理過程が介在しているということである。いま・ここの現実だけに適応しているわけではなく、「いま」という瞬間を複雑に分化させ、時間的な展望を持って環境と相互作用ができることを意味する（ちなみに、ハイデガーも時間性の観点から、人間（現存在）の生きる世界が生物の適応する環境とは違って複雑に構造化されていることを『存在と時間』で指摘している）[25]。このような柔軟な身体を持ち合わせている時点で、ひとの「身体化された自己」は、ユクスキュルの言う環世界に生きているわけではなく、シェーラーの言う「世界」に存在している。

加えて、言葉を持つことでひとが獲得する反実仮想的思考の能力は、ひとの世界開在性を徹底して推し進めることになる。それは、身のまわりでどのような出来事が生じているとしても、それが生じていない、あるいは生じなかった場合についての想像を可能にする。反実仮想は、「雨が降っていなければ出かけることができたのに」という身近なレベルの想像から、「私は生まれてこない可能性もあったはずなのにどうして生まれてきたのか」「世界は存在しないことも可能だったのに、どうしていまあるような姿で存在しているのか」という哲学的レベルの想像までを含む。つまり、ひとの使う言葉は、「〜でない」という否定形をその用法に含んでいることで、自己と世界を総体として対象化し、それについて存在論的な問いを発することを可能にするのである。シェーラーは世界と対になる人間の核心部分を「精神」と呼んだ。したがって、ナラティヴ・セルフが「身体化された自己」に新たにつけ加えるものがあるとすると、自己自身と世界について存在論的な問いを発する能力としての「精神」である。

とはいえ、ここで言う精神を、身体とは原理的に分離しうるデカルトのコギトのようなものとして考えてはならない。事実として、世界がいまあるような姿で与えられていること、そこに生きる自己がいまあるような姿で存在すること、それを全般的に否定し、「もしもそのような姿でないとすれば」という問いを発するのが精神である。それは、現にそうであるような姿で自己と世界が与えられていなければ発動しようがない力でもある。また、反実仮想は、自己自身について、あるいは世界全体について、存在論的な問いを発することで、自己の存在と世界の存在について、その意味を確かめようとする意志の発露である。ナラティヴという観点で言うと、否定形として現れる精神とともに、ひとは「この世界で自己自身が存在することの意味」について考え、語る契機を手にすることになるのである。それは場合によって、デカルトが思考実験によって試みたように、仮に身体が存在しなくても精神は存続しうる、という答えをひとつのナラティヴとして引き出しうる。しかしながら、それは精神が身体を全体として対象化して認識できるということを意味するだけで、身体から分離された精神が現に存在する、ということを意味しない。精神は、現にそうであるところのものを否定する原理であって、現にそうであるところのものがなければ、それ自身のみにおいて存在することはない。

5　パラダイムとしての対話

以上のように、身体化された自己は、指差しの延長線上に発話能力を獲得することで、間主観的な現実について言葉で語ることができるようになる。他方で、豊かな身体行為の可能性を環境のなかに見出すことで、文字通りの現実とは異なる想像的世界を見出すことができるようになる。加えて、現実として与えられている世界と自己をラディカルに否定する思考を行うことで、自己が世界のなかで生きることの意味を問うことができるようになる。こうして、いま・ここで行為するだけだったミニマル・セルフは、過去の経験を振り返り、未来において実現すべきことを展望しながら、いま・ここで行為する自己を意味づけ、ナラティヴ・セルフへと変貌する。身体化された自己の観点からすると、両者は断絶しているわけではなく、連続的である。ミニマル・セルフが、いま・ここで行為することそのものに内在する自己だったとすると、ナラティヴ・セルフは、いま・ここで行為することを、人生という時間の中に位置づけたり、世界との関係のなかに位置づけることで、文脈的な意味の枠組みとして成立している自己である。

ミニマルからナラティヴへの自己の変貌が、個体内部だけで自発的に生じると考えることはできないだろう。自己反省という意識作用が、自己内に閉じた抽象的な意識作用に見えながら、他者との身体的相互作用から派生するものであったのと同様に、ナラティヴ・セルフの形成は、他者とのナラティヴの交換があって初めて可能になると思われる。そもそも、「語り」という意味でのナラティヴは、自己自身についての語りから始まるわけではない。発話の発達について先に見た通り、多語文によって描写されるのは、他者の注意をそこに向けたくなるような外界の出来事である。複数の語彙を組み合わせると初歩的な「主語＋述語」の構造が生まれるが、初期の発話は動物、植物、他者、物体などを主語とするものである（たとえば犬を見つけて「ワンワンいる」と発話する場合のように）。ここから

「私」という一人称を主語とする出来事の語りが生まれてくるには、第5章で検討したように、①他者の視点を理解する、②他者の視点から自己の行為を見る、③客観的に自己を把握し、「私」という主語を用いてその行為を言葉で記述する、ということができなければならない。一五―二四カ月児を対象にした調査によると、自己鏡像認知ができるかどうかは、一人称主語の使用頻度とも有意に相関すると指摘されている[26]。自己の身体を客体として知覚する能力は、自己を主語として発話する能力とセットで発達するのであろう。自己を客体として認知できなければ、自分で自分のことを「私」と名指せないのであるから、理論的には当然である。

このように考えると、前章で見出したことがナラティヴ・セルフについても当てはまるように思われる。すなわち、自己自身について反省する作用が他者を理解する共感の作用の裏返しだったのと同様に、自己の経験について語るナラティヴの能力は、他者のナラティヴを共感的に理解する作用の裏返しであろう。自己のライフストーリーを語ることは、擬似的に他者の視点に立って、自己の過去を振り返り、未来を展望し、「私」という一人称の主語を用いながら、他者に理解可能なしかたで自己の人生を題材とする物語を構成する作業である。このような作業は、聞き手としての他者が目の前に実在するか否かにかかわらず、最初から他者との対話という性質を帯びている。ミードの自己論が示唆していた通り、「私」という一人称の主語を用いることができるのは、他者が自己を見るような目で自分自身を見ることができるからである[27]。同様に、自己について整合性のあるストーリーを語る能力は、聞き手としての他者の立場に擬似的に自己を置き入れ、一貫性や説得力を語りの内容に与えることができるということを意味する。

このような能力が、個体内部で自発的に生じてくるとは考えにくい。みずからが聞き手となって他者のナラティヴに耳を傾け、そこに一貫性・説得力・整合性などを感じ取ったり、また、ナラティヴに含まれる誇張・欺瞞・嘘などを聞き取ったりする経験が必要である。このような「語る－聞く」スキルを、ひとは決して一人で培うことはできない。他者の語りを聞き分けることができるからこそ、自己の語りに一貫性や説得力を持たせ、ときには相手を自分の語りの世界に引き入れるだけの魅力的な弁舌を行ったり、相手を信じ込ませるような嘘をついたりすることができるのである。この種のスキルは、幼児が今日の出来事を親に話すところから始まって、家族での団らん、友人とのおしゃべり、職場での話し合い等、さまざまな場面での「語る－聞く」というやり取りを繰り返すことでしか身につかないだろう。それは、身体運動のスキルが、個体内部から自然に発露するわけではなく、それを必要とする環境に身体が置かれたときに創発するのと同じである。

また、運動スキルが複雑な環境の要求に応答することで発達していくのと同様に、ナラティヴのスキルもまた、問いを発する他者に応答することで発達するものと思われる。第4章で検討した「あいだ」のダイナミズムを思い出して欲しい。自己と他者の「語る－聞く」という言葉のやり取りで進行するものは、テニスのストロークやペアでのダンスのように、一定の自律性を持って展開する場を生み出していく。対話の場に加わっている自己と他者は、その場から外れて一人で行為するときとは違ったしかたで、場の力によって動かされながら、そのつどの発言を相手に投げかけることになる。ダンスのような身体的相互行為の場合と対話の経験に明確に異なる点があるとすると、身体的相互行為では言葉のやり取りがないため、母子の原会話が備えていたような情動的なトーンと運動的リズムが支配的な要因になるのに対して、対話の経験では発話主体が明確であり、場の全体がひとつの中心を共有するような関係にはならないことである。対話では、発話者それぞれが「私」という一人称の主語とともにその場に参加しており、話のすべてが「私たち」という統一された主語のなかに解消することがない。もちろん身体的相互行為の場合も、行為主体の複数性は保たれているが、共同行為の場面では「私たち」という主体性の一部へと回収される場面も多々生じる。ところが、対話の場合、非言語の対人的協調が水面下でつねにはたらきつつも、ナラティヴの発話主体がつねに入れ替わることで、ポリフォニーのような多声性がつねに保たれる。

ハーマンスとケンペンは、こうしたポリフォニックな対話的経験を基礎として形成される自己を「対話的自己（dialogical self）」と呼んでいる[28]。「ナラティヴ・セルフ」として発現するような、ライフストーリーが構成する自己のあり方は、人生で出会った重要な他者との対話の経験から多大な影響を受けている。ナラティヴ・セルフを理解するとき、個体モデルを前提としてしまうと、過去の出来事についての記憶や将来に向かっての展望だけが、あたかも当人のナラティヴを構成しているかのように受け取られる。しかし、そうしたストーリーが、それを語る本人にとって意義深いものとしての確信をともなうのは、重要な他者によってそのストーリーが承認されているからである。ナラティヴは言葉によって紡がれる語りであり、言葉はつねに宛先を持つ（それが自分自身である場合も含めて）。したがって、ナラティヴ・セルフの構造を理解するには、ナラティヴを構成する個別のエピソードだけでなく、ナラティヴ全体が差し向けられているところの潜在的な聞き手との関係を理解せねばならない。身体化された自己と同様にナラティヴ・セルフもまた、他者との複雑な相互作用を通じて構成される存在なのである。

注

（1）田口茂（二〇一四）『現象学という思考』筑摩書房、一六九—一九二

（2）Zahavi, D. (2005). *Subjectivity and selfhood: Investigating the first-person perspective.* Cambridge, MA: MIT Press. (p. 125)

（3）Gallagher, S. (2000). Philosophical conceptions of the self: Implications for cognitive science. *Trends in Cognitive Sciences, 4*, 14–21.

（4）Frith, C. D., Blakemore, S-J., & Wolpert, D. M. (2000). Explaining the symptoms of schizophrenia: Abnormalities in the awareness of action. *Brain Research Reviews, 31*, 357–363.

（5）Haggard, P. (2017). Sense of agency in the human brain. *Nature Reviews Neuroscience, 18*, 196–207.

（6）Haggard, P., Clark, S., & Kalogeras, J. (2002). Voluntary action and conscious awareness. *Nature Neuroscience, 5*, 382–385.

（7）Shimada, S., Fukuda, K., & Hiraki, K. (2009). Rubber hand illusion under delayed visual feedback. *PLOS ONE, 4*(7): e6185.

（8）Ehrsson, H. H., Holmes, N. P., & Passingham, R. E. (2004). That's my hand! Activity in premotor cortex reflects feeling of ownership of a limb. *Science, 305,* 875–877.

（9）Trevarthen, C., & Hubley, P. (1978). Secondary intersubjectivity: Confidence, confiding and acts of meaning in the first year. In A. Lock (Ed.), *Action, gesture and symbol: The emergence of language* (pp. 183–229). London, UK: Academic Press.

（10）Warneken, F., & Tomasello, M. (2007). Helping and cooperation at 14 months of age. *Infancy, 11,* 271–294.

（11）Phillips, W., Baron-Cohen, S., & Rutter, M. (1992). The role of eye contact in goal detection: Evidence from normal infants and children with autism or mental handicap. *Development and Psychopathology, 4,* 375–383.

（12）Csibra, G., & Gergely, G. (2009). Natural pedagogy. *Trends in Cognitive Sciences, 13,* 148–153.

（13）Butterworth, G., & Morissette, P. (1996). Onset of pointing and the acquisition of language in infancy. *Journal of Reproductive and Infant Psychology, 14,* 219–231.

（14）Bruner, J. (1986). *Actual minds, possible worlds.* Cambridge, MA: Harvard University Press. (pp. 57–69)

（15）Lieven, E., Salomo, D., & Tomasello, M. (2009). Two-year-old children's production of multiword utterances: A usage-based analysis. *Cognitive Linguistics, 20,* 481–507.

（16）Garvey, C. (1990). *Play* (enlarged edition). Cambridge, MA: Harvard University Press. (pp. 123–144)

（17）Lillard, A. S. (1993). Pretend play skills and the child's theory of mind. *Child Development, 64,* 348–371.

（18）Leslie, A. (1987). Pretense and representation: The origins of 'theory of mind'. *Psychological Review, 94,* 412–426.

（19）Reddy, V. (2008). *How infants know minds.* Cambridge, MA: Harvard University Press. (pp. 150–182)

（20）麻生武（一九九六）『ファンタジーと現実』金子書房、二七―五九

（21）Bruner, J. S. (1966). *Studies in cognitive growth.* New York, NY: Wiley.

（22）Habermas, T. (2011). Autobiographical reasoning: Arguing and narrating from a biographical perspective. *New*

Directions for Child and Adolescent Development, 131, 1–17.
(23) Roese, N. J. (1997). Counterfactual thinking. *Psychological Bulletin, 121*, 133–148.
(24) M・シェーラー、亀井裕・山本達（訳）（二〇一二）『宇宙における人間の地位』白水社、九―一一三
(25) M・ハイデガー、熊野純彦（訳）（二〇一三）『存在と時間（一）』岩波書店、二三九―二五七
(26) Lewis, M., & Ramsay, D. (2004). Development of Self-recognition, personal pronoun use, and pretend play during the 2nd year. *Child Development, 75*, 1821–1831.
(27) G・H・ミード、稲葉三千男・中野収・滝沢正樹（訳）（二〇〇五）『精神・自我・社会』青木書店
(28) H・ハーマンス&H・ケンペン、森岡正芳・溝上慎一・水間玲子（訳）（二〇〇六）『対話的自己――デカルト／ジェームズ／ミードを超えて』新曜社

あとがき

本書の第一稿を書き終えたのは二〇二〇年一月だった。しかしその後、武漢発の新型コロナウイルスがあっという間に広がり、二月から三月にかけて世界情勢が一変してしまった。他の著者の原稿を拝見しながらシリーズ「知の生態学の冒険」の一冊にふさわしいあとがきを書こうと思っていたら、思いもよらぬ変化に襲われて、本書や本シリーズを取り巻く状況も大きく変わってしまったのだった。

もちろん、新しい感染症が引き起こした変化によって本文の内容を変えてしまわなければならないほど、社会情勢に敏感な主題を本書は扱っているわけではない。今になって本文を書き換える必要があると感じているわけでもない。だが、この情勢の変化をなかったことであるかのようにして執筆を終える気にはやはりなれない。第一稿を書き終えてからこの間に、「自己と他者」をめぐって感じていたことの一端を記しておきたい。

新型ウイルスの感染拡大にともなって、ソーシャル・ディスタンスを確保するため、大学では通常の対面授業がほぼ一斉に取りやめになり、二〇二〇年度春学期の授業は私の勤務先でも全面的に遠隔授業に変更された（今でも半数以上の授業は遠隔である）。学部の講義科目ではパワーポイントに音声を加えたスライドショーを配信し、大学院ではオンライン会議システム（Microsoft Teams や Zoom）を使ったリアルタイムの授業を実施した。数回続けるうちにどちらにも慣れはしたが、授業運営について本書の内容と関連して思うところも多々あった。

オンデマンド型授業では、基本的には教員一人でスライドショーを作成する。教室で学生の反応を確かめながら話すことができないため、雑談を挟んで場を和ませたり、脱線しながらも主題を深く掘り下げてみたり、といった語りの工夫ができない。そもそも、教室という空間に互いの身体を寄せ合っているわけではないので、聞き手である学生たちの身体に教員の身体を共鳴させることができないし、間身体性から始まる授業の「場」を作っていくことができない。対面授業なら、たいてい三―四回経つころにクラスに特有の場ができあがり、それを体感としてつかむことができるのだが、オンデマンド型授業にはその過程がまったくないのが気になった。

身体の代わりに、授業構築の手がかりになってくれたのは学生が発する書き言葉だった。授業に関連して寄せられる質問、授業後に提出されるレポート、問い合わせのメールなどに接していると、書き言葉の感触の向こう側に、学生の姿が浮かんでくることがある。発言内容や言葉づかいが暗黙に前提としている社会的環境、言葉の宛先、物の見方があって、それらが言葉を発信する学生の姿を間接的に伝えてくるのである。受講する学生の姿と、彼らが置かれている環境をなんとなく思い浮かべ、それを自分自身の言葉の宛先として取り入れることで、講義での語りを調整しながら授業を構成していった。

学生たちの反応も、対面授業とは違っていたと思う。彼らは彼らで、個別に学習用の資料を視聴しているため、教室で受講するときのように、他の学生と交流する機会がない。周囲の学生の反応を見ながら、自分の理解度がどのレベルに位置づけられるのか、どの程度授業内容についていくことができれば単位が取得できそうなのか、といったことについて感触を得る機会がない。見知った仲間であれ、偶然できた知り合いであれ、教室内で他の受講生と中間集団を作ることができないせいで学生が二極化し、ひたすら真面目に授業についてこようとする者と、小さなきっかけで脱落する学生とに分かれていくようだった。これは、対面授業に比べて、S評価（「秀」）とE評価（「不可」）の占める比率が高いことにも現れていた。

リアルタイム型の授業は、オンデマンド型に比べればずっとやりやすく感じた。もともと海外の研究者との打ち合わせでSkypeを使う機会は多かったので、一対一の打ち合わせが一対数人の授業に変わっただけで、授業運営で戸惑うこともなかった。ただ、回を重ねるうちに微妙な違和感が募るようになった。私がもっとも困惑したのは視線の問題である。きわめて単純なことだが、学生と視線が合わないのである。アイコンタクトは他にも多数ある非言語的コミュニケーションの一チャンネルに過ぎないとも言えるが、そう考えるだけでは解消できない困惑が授業後の体感に残存するのを感じた。

もちろん、授業中カメラはオンになっていてモニタ上に筆者の上体も映し出されているし、受講生の姿も映し出されている。筆者が学生たちを見ているのと同様に、彼らも筆者の姿を視覚的に確認しているであろうことも理解はできる。だから、授業中、自分の表情が思ったよりも硬いことにふと気づいて、意識的に表情を和らげることも時折あった。システムが視界を媒介してくれる限り、他者の知覚する私の身体は、自己の側からも容易に確認することができ、第5章で論じたような、他者の視線が喚起する社会的不安は和らげられるというメリットもある。対人恐怖症的な傾向を持つ学生にとっては、オンライン授業のほうがきっと心理的負担も軽いだろう。

ただし、見ることがこうしてカメラに媒介されている限り、視線が合うということは決してなく、それにともなう「他なる主体との出会い」も生じることがない。サルトルが「第三の存在論的次元」という概念に沿って記していたように、自己は、自己の身体が他者の知覚対象になることで初めて、自己の身体の向こう側に主体としての他者が現れるのを感知する。カメラに媒介され、学生の眼差しを直接に受け取ることのできない筆者の身体は、どことなく落ち着かない浮遊感のようなものを授業後に感じることが多かった。逆に筆者も、学生と視線を合わせることで主体的存在としての自己を十分に伝え切れていないようなもどかしさを感じた。

つまり、自己と他者は、「客体としての身体」を介して知覚的に出会うことで、互いが主体として存在することを確認し合っているのだが、オンライン・システムに媒介されることで、互いの「プレゼンス」についての感覚がどうしても鈍るのである。もちろん、その分、言語的メッセージがコミュニケーションにおいて占める比重が上がり、遠隔のリアルタイム授業では授業内容について密度の濃い議論ができるというメリットはある。これはオンライン研究会でも同様で、言語的メッセージの重要度が上がる分だけ内容により踏み込んだ議論が可能になる傾向がある。ただし、自己の身体を介して他者のプレゼンスをそこに直接感じ取るという契機は弱まってしまう。

筆者はこの点が気になって、本書を書き上げてから現在までの間に、対面とオンラインで少人数の会話データを収集し、映像分析をもとに探索的な研究を行ってみた（本シリーズの執筆者の一人である森直久氏との共同研究である）。詳細は近く刊行される論文に譲るが（田中彰吾・森直久「間身体性から見た対面とオンラインの会話の質的差異」『こころの科学とエピステモロジー』誌より近刊）、両者ではやはり身体的なプレゼンスが異なり、間身体性が顕在化するしかたも異なり、会話の形式にも内容にも大きな差異が見られる。

端的に言って、対面とオンラインでは、身体的なプレゼンス、アイコンタクト、姿勢、距離といった情報に依拠する非言語的な相互作用から創発する「あいだ」の性質が大きく異なるのである。対面の会話では参加者が「一緒に存在する」ことにより強く紐づけられているし、オンラインの会話では参加者が言葉を介して「一緒に連想する」ということにより強く紐づけられている。

両者の違いは、今後さらなる研究を通じて確かめる必要がある。オンライン環境だから実現できるコミュニケーションもあれば、対面して物理的環境を共有しているからこそ実現できるコミュニケーションもある。それぞれの環境が可能にするコミュニケーションを十分に理解したうえで、両者を使い分けつつ両立させるような工夫が、学習環境や労働環境について今後求められることになるだろう。

＊＊＊

本書は、筆者が数年前から構想してきた「身体性人間科学」について記したものである。二〇一七年に『生きられた〈私〉をもとめて――身体・意識・他者』(北大路書房)を上梓したが、内容的にはその続編になっている。

前書でも本書でも変わっていないが、筆者にとって出発点になる思考は、「自己が身体化されている」ということである。いつもデカルトを引き合いに出して恐縮だが、デカルトが「われ思う」という言い方で定式化しようとした自己は、明らかに身体性を欠いている。あるいは、脳を介してかろうじて身体と接しているだけで、決して受肉していない。哲学史上の事実としては、彼の心身二元論は誰もが知るところだし、心の科学の現場で身体性を扱っている研究者の多くも、自分が心身二元論には陥っていないと考えている。

ところが、心と自己を個体ベースでとらえる思考、心を個体の内部に閉ざしてしまう思考、心を環境から孤立させてとらえる思考、心と脳を漠然と同一視して身体から切り離す思考、身体性を脳内の神経表象に還元する思考など、さかのぼると結局はデカルトにたどり着くような発想は、心の科学の全領域にいまだに根強くはびこっている。狭い分野の個別研究として身体性を扱っている限り、こうした思考の綻びは大きく表面化しないが、以上の発想の延長線上で研究を進めると、いずれは根本的な問いの前で行き詰まるだろう。「自己とは何か」という問いはその最たるものである。

心の活動は身体化されており、身体は具体的な環境のなかに立脚しており、身体は環境と相互作用することで自己を構成し、身体化された自己はその始まりから他者と共存している。自己が身体化されている、という見方を出発点とするなら、それはおのずと生態学的な見方をとることになるし、自己を取り巻く環境は、もちろん他者のいる社会的環境としても理解せねばならない。こうした観点に沿って本書は書かれている。前半では認知神経科学の知見を多く参照したが、脳の活動を孤立させて見るのではなく、できるだけ身体・環境と連続させて考え直すように努めた。後半では発達心理学の研究を多く参照している。ただしここでも、従来の個体主義的な発想ではなく、できるだけ二人称的な関係性に沿って知見を理解し直すように努めた。

このような観点をさらに徹底するなら、社会性から議論を始めて、個別の自己について議論を進めねばならなくなるだろう。身体化された自己は行為する自己でもあるが、発達的な起源にこだわるなら、ひとりで行う行為（action）よりも、他者と行う相互行為（interaction）のほうが先行している。「身」という見方でも問題になっていた通り、個体として世界に向かって意味ある行為ができるためには、他者との相互行為のなかでそれが意味ある行為であることを学ぶ、初歩的な学習がすでに成立していなければならない。このような論点を踏まえて、改めて第1章の運動学習に戻ってもらうと、本書を重層的に読んでいただけるに違いない。また、このような問題意識に気づいた読者には、相互行為から始めて行為する自己を理解し直す仕事を今後推し進めてもらえれば嬉しく思う。

筆者は、心についての研究を始めたころから、身体性の問題にこだわってきた。一介の大学院生だった当時に筆者が抱いた問題意識は、先輩心理学者たちがそうするように「心」に研究対象を限定することのできない素人が持ち込んだ悪しきこだわりだったかもしれない。だが、その当時予想していたのは、身体性の問題に取り組まなければ、ひとの心のはたらきを包括的に理解することは不可能だろうということだった。この想いはいまだに変わっていない。心理学や認知科学のように、心のはたらきを科学的に理解することを試みる分野では、身体性は死活的に重要である。知性も情動も意志も、身体化されることなしにはその具体的な作用を発動することはできまい。また、その作用は、身体を取り巻く環境にも決定的に依存する。

ただ、そのように自明に見えることも、一九世紀後半に「心理学」が近代科学の一分野として形成される過程で、研究方法と研究対象を隣接分野から区別するとともに忘れ去られていったようである。たとえば、身体と環境の相互作用という生態学的観点は、心理学が生物学から区別されるさいに捨て去られたように見える。あるいは、生きた身体の機能との相関で心の作用を理解するという観点は、心理学が生理学から独立する過程で弱まっていった。心理学の草創期に主流派として勝ち残ったのは、物理的刺激と主観的感覚の対応だけに狭く絞り込んで心のはたらきを調べる精神物理学の方法だった。

心を対象とする学問が「科学」としてみずからを確立するには、このような隘路を進むこともあるいは必要だったのかもしれない。ただ、心理学史を少しばかり広く眺めてみれば、他の可能性もあったことがよくわかる。実験心理学の父とされるヴントが『生理学的心理学綱要』を発表した一八七四年には、ウィーンにいたブレンターノが『経験的立場からの心理学』を出版し、志向性を出発点として、心的経験を記述する方法に立脚する心理学を提唱している。また、ブレンターノの弟子筋から、一方ではフッサールの現象学が現れ、他方ではさまざまなゲシュタルト心理学者が輩出することになる。

出発点において、心の科学と現象学は近い場所にあった。それから一五〇年近くたって、身体性を仲立ちにして両者は再び合流しつつある。というより、主流派の心理学や認知科学からは見えにくかっただけで、両者は水面下ではずっとつながりを保ち続けてきたのである。一九四五年にメルロ＝ポンティが刊行した『知覚の現象学』は、ゲシュタルト心理学者たちの知覚研究の成果を大幅に取り入れることで成り立っているし、一九六〇年代から七〇年代にギブソンが構想した生態学的心理学は、ゲシュタルト心理学から影響を受けるとともに、メルロ＝ポンティの知覚論からも触発されている。一九九〇年代にヴァレラとトンプソンが展開した身体性認知科学は、メルロ＝ポンティの現象学から多くを引き継いでいる。

こうした展開を経て、現在、「4E認知（4E cognition）」として開花しているさまざまな認知研究は、「embodied」「enactive」「embedded」「extended」という4つのEで始まるキーワードを共有している。それぞれ、「身体化された」「行為を通じて実現される」「状況に埋め込まれた」「個体を超えて環境へと拡がる」という意味である（ここにecologicalを加えて「Multi-E」と呼ぶべきとの議論もある）。すでにお気づきだろうが、これらすべては、心の科学が狭義の実験心理学としてみずからを確立しようとしたときに捨て去った観点なのである。本書がその一部をなすシリーズ「知の生態学の冒険」は、4Eのいずれか、あるいはすべてを重視しながら、それぞれの著作が執筆されている。本書はとくにembodied & enactiveな観点を重視している。

4Eを重視する認知研究の魅力は、知覚や言語や行為といったひとつの主題に深く専門的に分け入りながらも、研究が必ず現実の生へと訴求する場面に結びついていることにある。人々の具体的な生が営まれている生活世界と連続する地平で、科学的な知の探究を行うことがどういうことか、4Eの先駆者たちの仕事の多くが身をもって示してくれている（一例としてギブソンの知覚研究を紐解いてみるといい）。だから、その仕事に触れるこちらも、自分自身がいまここで生きているという実感からできるだけ離れないようにしながら、科学的な知の営みにたずさわることを心がけるようになる。本書の記述も、身体性と行為を重視することで、生の現実から離れない地点で知の探究を進めるよう努めた。科学的な知の探究を生活世界に根づかせる視点を本書から読み取っていただければ幸いである。机上の知識より生きるための知恵。それが本書の提示したかったものである。

＊＊＊

本書は、公的な研究助成、さまざまな研究会や学会等での議論、ジャーナルへの投稿論文や共著書の原稿がもとになって出来上がっている。ここに経緯の一部を記して感謝しておきたい。

本書が収録されるシリーズ「知の生態学の冒険」は、河野哲也氏を代表とする科学研究費助成事業（基盤研究（A）「生態学的現象学による個別事例学の哲学的基礎付けとアーカイブの構築」：領域番号 17H00903）の研究プロジェクトの主な成果である。このプロジェクトのもとで、研究会や海外研究者を招聘してのワークショップ、日本心理学会での関連シンポジウムなどが活発に開かれてきた。そこでの議論は、いつも、環境に開かれたものとして心を見る生態学的な着想を確認させてくれるもので、本書の全体を通してさまざまに役立った。微力だが、研究分担者としてプロジェクトの一翼を担えたことをありがたく思っている。

また、本書が追究する「身体性人間科学」のアイデアは、筆者自身が代表者として進めている科研費の研究プロジェクト（基盤研究（B）「身体化された自己：ミニマルからナラティヴへ」：領域番号 20H04094）の成果に基づくものである。もともと二〇一五年度から二〇一九年度にかけて進めていた先行プロジェクト（「Embodied Human Science の構想と展開」）を引き継いだもので、本書は先行プロジェクトのまとめと、現行プロジェクトの成果の一端を示すものになっている。プロジェクトに分担者として加わってくれているメンバー、また、筆者が主催するエンボディードアプローチ研究会の関係者にお礼を申し上げたい。

以下の各章は、元になるアイデアを発表した場での議論を経ることで、本文で考察を深めるきっかけを多く得ている。発表の機会をここに記すことで、議論に加わってくれた方々に謝意を表しておきたい。

第1章：International Symposium: Body Schema & Body Image（二〇一八年三月・東京大学）、第一九回認知神経リハビリテーション学会学術集会（二〇一九年九月・門真市文化会館）、Workshop: Radical Embodied Cognition（二〇一九年八月・立教大学）

第2章：日本認知科学会冬のシンポジウム二〇一七「跳び出す心、拡がる身体――プロジェクション・サイエンスの確立に向けて」（二〇一七年一二月・青山学院大学）、先導的人文学・社会科学研究推進事業「アイデンティティの内的多元性」第1回公開シンポジウム「自己をめぐる冒険」（二〇一九年二月・東京大学）

第4章：Workshop on Social Cognition at the Institute of Philosophy（二〇一九年一〇月・チェコ科学アカデミー）、International Society of East Asian Philosophy 2019 Conference（二〇一九年一二月・明治大学）

第5章：Conference: Time, the Body, and the Other（二〇一八年九月・ハイデルベルク大学）、International Human Science Research Conference 2019（二〇一九年六月・モルデ大学）

東京大学出版会の木村素明氏には、シリーズ全体の担当者として、また本書の編者としても面倒を見ていただいた。記して感謝したい。

二〇二二年一月

田中彰吾

田中彰吾（たなか・しょうご）

1971年生まれ．2003年，東京工業大学大学院社会理工学研究科博士課程修了．博士（学術）．現在，東海大学文化社会学部教授／文明研究所所長．2013－14年，2016－17年にかけてハイデルベルク大学にて客員研究員．専門は現象学的心理学，および身体性哲学．主な業績として『生きられた〈私〉をもとめて――身体・意識・他者』（単著，北大路書房），コイファー&チェメロ『現象学入門――新しい心の科学と哲学のために』（共訳，勁草書房），『Body Schema and Body Image: New Directions』（共編著，Oxford University Press）など．

知の生態学の冒険　J・J・ギブソンの継承 3
自己と他者　身体性のパースペクティヴから

2022年 3 月 18 日　初　版
2024年 4 月 5 日　第 2 刷

［検印廃止］

著　者　田中彰吾

発行所　一般財団法人　東京大学出版会

代表者　吉見俊哉

153-0041 東京都目黒区駒場4-5-29
https://www.utp.or.jp/
電話　03-6407-1069　Fax 03-6407-1991
振替　00160-6-59964

装　幀　松田行正
組　版　有限会社プログレス
印刷所　株式会社ヒライ
製本所　牧製本印刷株式会社

ISBN 978-4-13-015183-2　Printed in Japan

知の生態学的転回から、知の生態学の冒険へ
アフォーダンス、不変項、直接知覚論、促進行為場……
いま生態学的アプローチはあらゆるところに

The Ecological Turn and Beyond: Succeeding J. J. Gibson's Work

知の生態学の冒険　J・J・ギブソンの継承

河野哲也／三嶋博之／田中彰吾 編

全9巻／四六判上製／平均200頁

1　ロボット
——共生に向けたインタラクション（岡田美智男）

2　間合い
——生態学的現象学の探究（河野哲也）

3　自己と他者
——身体性のパースペクティヴから（田中彰吾）

4　サイボーグ
——人工物を理解するための鍵（柴田 崇）

5　動物
——ひと・環境との倫理的共生（谷津裕子）

6　メディアとしての身体
——世界／他者と交流するためのインタフェース（長滝祥司）

7　想起
——過去に接近する方法（森 直久）

8　排除
——個人化しない暴力へのアプローチ（熊谷晋一郎）

9　アフォーダンス
——そのルーツと最前線（三嶋博之／河野哲也／田中彰吾）